이대로 방치하기엔 내 인생이 아까워서

윤선정

목차

프롤로그   6

제1장. 이불 속에서 숨 쉬기

숨어버리고 싶은 날   10

몸이 말을 듣지 않을 때   13

사실은 아무것도 하고싶지 않았다   15

멈추는 것도 용기다   17

휴대폰 속으로 도망치다   19

나갈 수 있었지만 나가지 않았다   22

그냥 무기력한 게 아니라 아팠던 거야   24

마음이 텅 비는 날엔   26

나에게 변명을 허락해주기로 했다   28

나를 용서하기로 했다   31

제2장. 정말 괜찮아질까?

변화를 시작하지 못하는 이유	34
마음대로 되지 않아 아픈 날	36
괜찮은 척을 그만두기로 했다	39
기대와 다른 현실을 마주할 때	42
"나, 정말 나아질 수 있을까?"	44
실패를 받아들이는 연습	47
불확실함 속에서도 나를 믿기	49
조금 불안해도 괜찮은 하루	51
천천히 가도 괜찮다	53
내가 괜찮아질 거라고 말해주는 사람	55

제3장. 선택 앞에서 흔들리는 너에게

결정을 미루는 마음	58
작은 선택이 어려운 날들	60
선택하지 못한 나를 미워하지 않기	62

후회 앞에서 망설이는 그대에게	65
마음이 가는 길로 걸어보기	67
감정에 휘둘리지 않고 살아가기	71
불확실한 순간에도 우리는 성장하고 있다	74
결정은 결국 나를 닮아간다	77
선택하지 않아도 괜찮은 날	80
지금 이 순간을 살아갈 용기	83

제4장. 나를 만나는 시간

미래가 막막해서 불안하다면	87
내가 진짜 원하는 게 뭘까?	90
나를 제대로 바라보는 연습	93
부족한 나를 안아주는 법	96
실패했던 나와 화해하기	99
혼자 있는 시간을 견디는 힘	102
내 마음을 돌보는 습관	106

제5장. 아주 천천히, 조금씩

오늘은 집 밖으로 나가보기	110
일단 해보는 작은 용기	113
미루지 않고 해보는 연습	116
하루에 하나만 꾸준히	120
완벽하지 않아도 괜찮다	123
오늘의 나를 기록하기	126
지친 나에게 건네는 위로	129
에필로그	132

프롤로그

　나는 평범한 사람이다. 어쩌면 길 위에서 몇 번이고 스쳐 지나쳤을지도 모르는, 그저 그런 보통의 사람이다. 특별히 대단한 일을 이뤄본 적도, 심리를 깊게 공부한 적도 없다. 그래서 "당신의 문제는 바로 이것입니다", "이렇게 하면 됩니다"라고 확신 있게 말할 자격도 없다. 그런데도 내가 이렇게 글을 쓰는 이유는 어느 날 갑자기 찾아온 '어둠'과 그 어둠 속에서 어떻게든 빛을 찾아 나왔던 나의 작은 이야기를 전하고 싶기 때문이다.

　나 역시 그런 어둠을 경험할 줄은 몰랐다. 늘 바빴고, 한가한 날에도 목적 없이 집 앞 작은 슈퍼라도 꼭 들르던 내가 어느 순간부터 집 밖으로 나가지 않게 되었다. 처음엔 단순히 나이가 들어서 그런 것으로 생각했다. 그러나 하루가 이틀이 되고, 일주일이 한 달이 되면서 내가 무언가 잘못된 길로 들고 있다는 걸 깨닫기 시작했다.

무엇이 문제인지 정확히 알지 못했지만 달라지고 있다는 건 분명했다. 익숙한 공간에서 하루를 보내는 게 처음엔 편하게 느껴졌으나 점차 그 편안함은 숨 막히는 불안으로 바뀌었다. 가만히 방 안에 앉아 있는 거라고 생각했는데, 사실은 깊고 차가운 물 속으로 천천히 가라앉고 있던 것이었다. 다시 표면 위로 올라오기 위해서는 엄청난 힘이 필요하다는 것도 그제야 알았다.

어쩌면 지금 당신도 나처럼 깊은 어둠 속에서 천천히 가라앉고 있을지도 모른다. 겉보기엔 아무렇지 않은 듯 하루하루를 버티고 있지만, 마음속에서 끝없이 가라앉으며 숨 막히는 답답함을 견디고 있을 수도 있다. 코로나 이후, 무기력과 우울, 상실감 속에 갇혀 있는 사람들이 많다는 이야기를 들었다. 나 역시 그중 하나라는 생각에, 내 작은 이야기를 꺼내보아야겠다고 마음먹었다.

이 이야기는 개인적이고 평범한, 나의 과거 이야기다. 어떤 이들은 "정말 힘들었겠구나"라고 공감할 수도 있고, 또 다른 어떤 이들은 "겨우 그 정도로 힘들었다고?"라고 생각할 수도 있다. 하지만 중요한 것은 불행의 크기를 비교하는 것이 아니다. 내가 어둠을 어떻게 마주했는지, 그리고 이후 다시 빛을 향해 나아가기까지의 과정을 나누고 싶은 것뿐이다.

만약 지금 당신이 겨우겨우 하루하루를 버티고 있다면, 나 역시 평범한 사람이었고 결국 그 어둠 속에서 빛으로 걸어 나올 수 있었다는 사실을 기억해 주었으면 한다. 당신에게 아주 작은 위로와 희망을 건네고 싶다. 별거 아닌 평범한 사람도 결국엔 그 어둠을 지나 따뜻한 봄날로 향하는 길 위에 다시 설 수 있었다고, 그러니 당신도 그럴 수 있다고 말이다.

이 작은 이야기가 당신의 어둠 속을 비추는 작고 조용한 빛이 되어주길 진심으로 바란다.

제1장. 이불 속에서 숨쉬기

숨어버리고 싶은 날

 세상에는 수많은 반대가 존재한다. 만남과 이별, 성공과 실패, 따뜻함과 차가움 같은. 우리는 그 사이 어딘가에서 매일을 살아가고 있다. 그 반대되는 감정의 끝에서 느껴지는 감정은 보통 때보다 몇 배 더 강렬하고 아프게 다가온다. 하지만 그런 감정들은 누군가에게는 별일 아니어도 다른 누군가에게는 삶 전체를 흔드는 커다란 사건이 되곤 한다. 나에게도 그렇게 갑작스럽게 찾아온 어둠이 있었다.

 3년 넘게 다니던 회사를 그만둔 날, 나는 그저 평범한 일상의 한 부분이라 생각했다. 특별히 큰 시련도 없이 무난하게 살아왔기에 이번에도 잠시 쉬고 다시 일어나면 될 줄 알았다. 잠깐 스쳐 지나가는 먹구름 정도로 여겼던 이 순간이 사실은 깊고 긴 터널의 시작이라는 것을 깨닫는 데 오랜 시간이 걸리지 않았다.

 나는 꽤 열심히 살았다고 믿었다. 대학 진학부터 졸업, 첫 취업과 이직까지 모든 일이 무리 없이 순조롭게 흘러갔다. 그래서 이번에도 당연히 쉽게 지나갈 거라고 믿었다. 내가 이불 속 편안함이라는 덫에 빠져드는 것도 모르고 말이다.

퇴사 후 몇 개월 동안은 여유를 즐겼다. 오랜만에 친구들과 만나고, 마음껏 쉬면서도 슬슬 취업 준비를 하면 될 것으로 생각했다. 하지만 막상 토익 책을 펼친 순간, 내 머릿속은 텅 빈 듯이 낯설었다. 그렇게 익숙했던 공부가 낯설게 느껴지고, 그마저 쉽지 않은 현실 앞에서 사존삼이 무너졌다.

더 큰 문제는 내몸이었다. 스트레스 때문인지 갑자기 찾아온 편도염, 연이어 이어진 배탈과 감기, 그리고 갑자기 맞지 않는 눈 초점까지. 하루가 멀다고 병원을 찾아다니며 내가 왜 이렇게 되었는지 하는 생각에 한없이 초라해졌다.

그러던 중 우연히 참석한 구청의 직업 특강에서 뜻밖에 마케팅 일을 추천받았다. 전 직장에서 가끔 접했던 업무라 마음이 끌렸다. 마치 운명처럼 글로벌 마케팅 국비 지원 프로그램 광고가 눈앞에 나타났고, 나는 고민 없이 신청했다. 하지만 강의를 듣고 나서야 알았다. 이 수업은 내가 생각한 마케팅과는 전혀 다른 분야였다는 사실을.

그래도 괜찮다고 생각했다. 새로운 길을 찾으면 될 거라며 스스로 위로했다. 그러나 현실은 내 기대를 매몰차게 외면했다. 수업이 끝날 때쯤 열심히 입사 지원을 했지만 어디서도 연락이 없었다. 나와 달리 쉽게 면접 기회를 얻는 동기들을 보며 점점 좌절감에 빠져들었다.

결국, 나는 이불 속으로 숨어버렸다. 더 이상 실패를 마주할 용기도, 힘도 남아있지 않았기 때문이다. 포근하다고 착각한 그곳에서 나는 점점 더 깊고 어두운 곳으로 가라앉고 있었다.

몸이 말을 듣지 않을 때

 창밖의 차가운 공기가 창문 틈새를 비집고 들어오는 겨울이었다. 전기장판이 따뜻하게 데워놓은 이불 밖으로 나갈 이유를 찾지 못했고, 나는 점점 더 그 따뜻함 속에 파묻혀 있었다. 하루하루가 지나면서 침대 위에서 보내는 시간이 길어졌다. 처음에는 단순히 날씨가 추워서라고 생각했지만, 어느 순간부터는 나를 이불 밖으로 꺼낼 힘이 사라져 가고 있음을 느꼈다.

 처음엔 편안했다. 회사 다니며 조금씩 모아둔 돈을 쓰면서, 아무것도 하지 않고 누워 있는 시간이 좋았다. 바쁘게 사는 동안 몰랐던 편안함이었다. 그런데 시간이 지나자, 조금씩 다른 생각들이 찾아오기 시작했다.

 '아무것도 안 하는 삶도 나쁘지 않은 것 같은데.' '이렇게 살아도 괜찮지 않을까?' '백수가 되는 게 생각보다 나쁘지 않을지도 모르겠어.'

그렇게 현실을 피하기만 하는 것이 당연한 일이 되어갔다. 한편으로는 이런 나를 보며 걱정하고 실망할 가족들의 얼굴도 떠올랐다. 하지만 마음 한편에서는 여전히 움직이기 싫다고, 그냥 모든 걸 포기하고 싶다고 속삭이고 있었다.

 어쩌면 나는 잠시 쉬고 있다고 스스로 위로하며, 사실은 아무것도 하지 않는 나의 무기력함을 합리화하고 있었던 걸지도 모른다. 하루하루는 그렇게 흘러갔고, 나는 점점 무력감과 자기혐오 속으로 가라앉아가고 있었다. 그런 생각과 현실 사이에서 나는 아무것도 할 수 없었다. 그저 이불 속에서 누워, 깊은 어둠 속을 천천히 떠돌고 있었다.

사실은 아무것도 하고 싶지 않았다

그렇게 침대에 누워 가만히 생각해 보았다.

돌아보면 이전까지의 나는 자신을 돌보지 않았다. 바쁘게 살면서 정작 내 마음속 이야기를 들으려 하지 않았다. 내가 힘들다는 신호를 계속 보내고 있었는데도, 바보같이 회사를 그만두고 나서야 그것을 알아차렸다.

퇴사할 당시 나는 그동안의 회사 생활이 막연하게 힘들었다고만 생각했다. 하지만 시간이 지나고 조용히 내면을 들여다보니, 나는 내 생각보다 훨씬 더 많은 것들을 참고 희생하고 있었다는 것을 알게 되었다 슬픔을 느껴도 모른 척했고, 누군가가 나를 무시하거나 상처 주는 말에도 겉으론 "네가 뭔데, 내가 더 잘하면 되지"라고 씩씩한 척하며 진짜 내 감정을 무시해 왔다. 그렇게 속상해하는 나의 진짜 모습은 제대로 돌보지 못했다.

그 생각이 마음 깊이 닿는 순간, 눈물이 흘렀다. 흐르는 눈물을 굳이 참으려고 하지도 않았고, 닦아내려고 애쓰지도 않았다. 어쩌면 그 순간이 처음으로 자신의 감정에 온전히 솔직해진 때였을지도 모른다. "그래서 이렇게 힘들었구나, 정말 많이 지쳤구나." 나는 울면서도 스스로 위로했다.

그 이후 나는 진짜 휴식을 하기로 했다. 마음이 이끄는 대로 먹고 싶은 음식을 먹고, 하고 싶은 일을 고민 없이 시작했다.

하지만 마음이 다친 채 오랫동안 방치되었으니, 몸도 건강할 리 없었다. 마음이 흔들리자, 몸도 신호를 보내기 시작했다. 불규칙적으로 찾아오던 알레르기 비염이 점점 심해졌고, 결막염이나 중이염 같은 합병증까지 찾아왔다. 몸과 마음이 동시에 무너져 내리고 있던 것이었다.

나는 그제야 비로소 알았다. 마음을 돌보는 일이 얼마나 중요한지, 그리고 자신에게 솔직해지는 것이 얼마나 용기 있는 일인지 말이다.

멈추는 것도 용기다

앞에서도 잠깐 언급했지만, 이번 퇴사 전까지 나는 단 한 번도 제대로 쉬어본 적이 없었다. 삶의 모든 순간을 바쁘게 움직여야만 의미가 있다고 생각했다. 첫 번째 이직 때조차 긴장을 늦추지 못하고, 제대로 쉬지 못한 채 바로 다음 일을 시작했다. 솔직히 지금도 쉬는 방법을 잘 모른다. 아무것도 하지 않고 가만히 있는 시간이 늘 불편하고 두려웠다. 멈춰 있는 순간에도 마음속에서는 계속해서 질문이 쏟아졌다.

'이렇게 쉬어도 괜찮을까?' '다른 사람들은 열심히 달리고 있는데 나만 이렇게 뒤처지는 건 아닐까?'

불안함에 나도 모르게 다시 일어나 무엇이라도 해야 할 것 같은 강박에 휩싸였다.

하지만 사람도 결국 기계와 크게 다르지 않다는 것을, 나는 뒤늦게 깨달았다. 컴퓨터도, 노트북도, 휴대폰도 계속해서 사용하면 방전이 되고 결국 꺼지고 만다. 우리가 매일 손에 쥐고 있는 전자 기기들도 휴식과 충전이 필요하다면, 사람에게는 더더욱 그런 시간이 필요하지 않을까?

우리는 종종 휴식하는 자신을 바라보며 게으름이라 자책하고 스스로 몰아세운다. 그러나 모든 계절에도 쉼이 필요하듯, 사람의 삶에도 멈춤이 필요하다. 아무것도 하지 않는 것처럼 보이는 그 시간은, 사실 우리 마음과 몸을 다시 움직일 수 있게 만들어 주는 가장 중요한 순간이다.

나는 비로소 깨달았다. 멈춤은 포기가 아니라 회복의 시작이며, 뒤처짐이 아니라 다시 나아갈 힘을 얻는 소중한 과정이라는 것을. 가끔은 잠시 모든 것을 멈추고 조용히 숨을 고르는 시간이 필요하다는 사실을 말이다.

휴대폰 속으로 도망치다

 우리는 끊임없이 쏟아지는 숏폼 콘텐츠의 시대에 살고 있다. 유튜브를 열기만 하면 짧은 영상들이 알아서 흘러나오고, 엄지손가락만 살짝 움직이면 수많은 타인의 삶으로 쉽게 들어갈 수 있다. 누군가는 날카로운 풍자를 하고, 누군가는 참신한 아이디어로 시선을 끌고, 또 다른 누군가는 다른 사람의 창작물을 아무렇지도 않게 가져와서 보여준다. 그런 영상들을 멍하니 바라보다 보면 어느새 시간이 훌쩍 지나 있다.

 불과 몇 년 전만 해도 시간이 남아 유튜브를 켜면 구독해 둔 채널에서 새로 올라온 영상을 찾아보거나, 직접 보고 싶은 것을 검색해야 했다. 그러나 지금은 그런 고민마저 필요 없다. 그냥 켜놓기만 해도, 알고리즘이 끝없이 새로운 볼거리를 자동으로 제공해 준다. 2020년에 처음 나온 유튜브 쇼츠가 없던 때를 떠올리면 마치 조선시대 이야기처럼 까마득하게 느껴질 만큼, 나는 이미 그 짧은 영상들에 많은 시간을 쓰고 있었다는 사실이 새삼스레 놀랍다.

사실 숏폼 콘텐츠가 이렇게 나를 빨아들인 이유는 너무나 명확하다. '결정하지 않아도 된다'라는 간단한 이유 때문이다. 현실의 나는 매 순간 생각하고, 판단하고, 책임져야 하는 일들로 가득 차 있다. 그런 일상에서 나는 아주 쉽고 간편한 도피처를 찾게 되었다. 문제는 그곳이 썩 좋은 도피처가 아니라는 점이다.

어느 순간부터 나는 내가 원래 하려던 일, 내가 정말 해야 할 일을 잊은 채, 하루 종일 무의식적으로 손안의 작은 화면만 들여다보고 있었다. 끊임없이 이어지는 영상들은 내게 즐거움보다는 이상한 무기력함과 공허함을 안겨주었다. 자극적인 콘텐츠 속에서 오히려 내 마음은 점점 더 둔해지고 있었다.

가끔은 문득 정신이 들어 휴대폰을 내려놓고 주변을 둘러보기도 한다. 그럴 때마다 '내가 지금 뭘 하고 있는 걸까?' 하는 의문이 든다. 스스로 생각할 시간도, 마음의 목소리에 귀를 기울일 여유도 없이, 이렇게 작은 화면 속으로 빠져들어 내 삶을 흘려보내고 있는 것은 아닐까 하는 두려움이 생긴다.

휴대폰 속으로의 도피가 가져온 편리함과 쾌락 뒤에는 생각보다 큰 상실감과 무기력함이 숨어 있다는걸, 나는 이제야 조금씩 깨닫고 있다.

나갈 수 있지만 나가지 않았다

집 안에만 있는 생활이 어느새 내 일상의 중심이 되었다. 가만히 생각해 보면 전에는 하루라도 밖에 나가지 않으면 답답해서 못 견디던 나였다. 작은 일이 생겨도 습관처럼 마트에 가거나 산책하고, 가끔은 특별한 목적 없이 동네를 걷기도 했다. 그렇게 움직이고 밖으로 나가는 것이 나에겐 너무나 자연스러운 일이었다. 일주일 동안 집에서만 지낼 수 있다던 친구의 말을 듣고 '도대체 집에서 할 게 뭐가 있지?'라며 의아해했던 것도 기억난다.

하지만 언제부터였을까, 나는 점차 집 안에 머무르는 것을 편하게 느끼기 시작했다. 어느 날인가 목이 말라 냉장고 문을 열었는데 마실 물과 음료가 하나도 없는 것을 발견했다. 평소 같으면 곧바로 편의점이라도 나갔겠지만, 이번엔 순간적으로 '귀찮다'라는 생각이 들었다. 그러자 신기하게도 조금 전까지 갈증을 느꼈던 나의 욕구는 이내 흐려졌고,

마시고 싶은 마음마저 쉽게 잊혔다. 마치 나를 위한 변명이라도 되어준 듯한 귀찮음 덕분에 나는 다시 침대 위로 돌아가 편안히 몸을 묻었다.

그리고 자연스럽게 쿠팡으로 음료와 생수를 주문했다. 주문 버튼을 누르면서도 묘하게 씁쓸한 기분이 들었다. 내가 바깥세상이 무서워서, 혹은 사람을 마주치는 것이 싫어서 밖에 나가지 않는 것은 아니었다. 다만 외출을 위한 준비가 복잡하고 피곤하게 느껴졌을 뿐이다. 이런저런 이유를 생각하며 미루나 보니, 결국 가장 간편한 선택인 온라인 주문으로 돌아서게 되는 것이다.

어쩌면 세상은 점점 더 편리해지고 있지만, 그 편리함 덕분에 스스로 움직이는 법을 잊어가고 있는지도 모르겠다. 나갈 수 있지만 나가지 않는 삶, 편안함이라는 익숙한 덫에 걸려 나는 오늘도 나의 작은 방 안에서 하루를 보내고 있다.

그냥 무기력한 게 아니라 아팠던 거야

　처음에는 그저 무기력함일 뿐이라고 생각했다. 하지만 돌이켜보니 나는 지쳐 있었고 나조차도 모르게 무너지고 있었다. 겉으로는 멀쩡했지만 속은 텅 비어 있었고, 이유 없이 무기력하기만 했던 게 아니라 마음이 견디기 힘든 것이었다.

　'왜 나는 아무것도 하지 않지?'라는 생각이 스치고 지나가지만, 이내 또다시 휴대폰 속으로 빠져든다. 그러다 시간은 흘러 저녁이 되고, 나는 늘 그렇듯 '내일은 진짜 다르게 살아야지' 다짐한다.

　예전엔 이런 나를 게으르다고 생각했다. 다른 사람들은 바쁘게 살고 있는데, 나는 왜 이렇게 아무것도 못 하고 있는지 자책했다. 하지만 이제는 조금 다르게 생각하게 된다. 마음의 상처는 눈으로 확인할 수 없다. 그래서인지 대부분 마음의 상처가 있는지도, 그게 아픔인지도 모른다.

그저 아무것도 하기 싫은 나를 보며 '문제가 있다'라고 느끼지만, 그게 내 자신을 지키기 위해 멈춘 신호라는 걸 깨닫기는 쉽지 않았다. 그런 줄도 모르고 나약하고 부족한 사람이라고 생각했으니까. 사실은 아무것도 할 수 없던 날들 속에서도, 나는 나름대로 애쓰고 있었던 거다.

나를 다그치기 전에 몸과 마음의 신호를 알아차릴 수 있었다면 얼마나 좋았을까? 그래서 당신이 지금 아무것도 하지 못하는 건, 나약해서가 아니라 정말 많이 지쳐 있기 때문일지도 모른다는 걸 기억해 줬으면 좋겠다. 그 무기력도 어쩌면 당신 안에서 누군가가 보내고 있는 구조신호일지도 모르니까.

마음이 텅 비는 날엔

아무런 감정도 없이 그냥 멍하니 누워 있었다. 오늘 하루는 어땠는지, 희로애락을 느꼈던 때가 언제였는지도 까마득하게 느껴졌다. 기쁘지도 슬프지도, 화도 나지 않는 그런 텅 빈 하루들이 이어졌다. 그런 날들이 익숙해지고 이상함을 느끼지도 못한 채 하루하루가 지나갔다.

아무것도 없는 방 안에 있다면 이런 느낌일까? 마치 가구도, 소리도 사라진 텅 빈 방 안에 나 혼자 남겨진 듯한 기분이었다. 그 방에 누워있는 시간이 길어지자 문득 의문이 생겼다.

이게 맞나?

마치 어휘력이 부족한 초등학생이 'I'm fine thank you, and you' 이후에 대답할 말이 없어 'so-so'라고 말하듯이 단조롭게 매일을 살아가고 있었다. 감정의 대화는 끊겼고,

정해진 답만 되풀이하며 사는 기분이었다.

어쩌면 아무 감정도 느끼지 못하는 게 아니라, 그 자체가 '공허함'이라는 감정일지도 모른다. 내가 인식하고 있다는 점에서 이미 감정이지 않을까 하는 생각이 들었다.

실제로 심리학에서는 강한 스트레스나 감정의 과부하가 지속되면, 사람은 무감각, 마비 상태에 빠질 수 있다고 한다. 이를 감정 마비 또는 감정 둔화라고 부른다. 즉, '감정이 없어진 것'처럼 보여도, 사실은 너무 많은 감정을 처리하지 못해 뇌가 '감정 반응'을 잠시 꺼버린 보호 메커니즘인 것이다.

오히려 감정이 너무 많아서 그걸 감당하기 힘들어서 하나씩 꺼내놓았고, 그렇게 꺼내다 보니 마지막에 '텅 빈 나'만 남게 된 것이다. 그렇다면, 공허함은 감정이 아닌 게 아니라 감정의 마지막 그림자인 것이다. 공허함도 나의 일부였고, 나를 지키기 위한 무의식적인 반응이었다.

그래서 나는 이제 그 공허함이 내 감정의 일부였음을 조용히 인정하고 받아들이려 한다. 말은 없지만 그건 분명 나의 감정이었다.

무언가를 느끼는 것조차 벅찰 때, 그 공허함조차 나의 일부였음을 인정하고 받아들이기로 했다.

나에게 변명을 허락해주기로 했다

정해진 일정이 사라지자, 생체리듬은 조금씩 망가지기 시작했다. 낮과 밤이 뒤바뀌는 순간에 이르렀고, 남들이 일어나는 시간이 되면 겨우 잠이 들 준비를 했다. 다른 사람들처럼 하루의 리듬을 맞추지 못하는 내가 한심하게 느껴졌고, 점점 더 세상과 멀어지고 있다는 기분에 나를 몰아세웠다.

"의지가 약해서 그래"

정말 의지가 약해서 그랬던 걸까? 어쩌면 자고 싶어도 불안 때문에 눈을 감을 수 없었던 것은 아니었을까? 몸은 피곤했지만, 마음은 쉴 틈이 없었던 그 밤들을 나는 너무 쉽게 '게으름'이라고 단정 지었던 걸지도 모른다.

그때의 나는 조급했다. 돈은 벌어야 하는데, 이렇게 아무것도 안하고 가만히 있어도 되는 건가 싶었고, 남들과 끊임없이 비교하며 점점 초조해졌다.

무엇보다, '아무것도 아닌 나'가 너무 싫었다.

아무 회사에나 지원하려고 해도 자격증이 없어서 안 되었고, 자기소개서를 쓰려고 하면 예전 경력을 어떻게 정리해야 할지 몰라 멈춰버렸다. 그래서 자격증 공부를 시작해 보려 했지만, 그것조차 마음처럼 되지 않았다. 결국 나는 또 나를 탓했다.

역시 난 의지가 약해.

책상 앞에 앉아야 한다는 생각만 머릿속을 맴돌고, 정작 아무것도 하지 못한 채 하루를 흘려보내기 일쑤였다.

누군가는 한 달 만에 자격증을 따고, 누군가는 미라클 모닝에 쓰리 잡까지 한다는데, 나는 왜 이러고 있는 걸까?

이런 질문들은 매일 밤, 내 마음을 더욱 조급하게 만들었다.

그땐 왜 그렇게까지 아무것도 하지 못했는지 지금 와서 돌이켜보면, 나는 매일 나 자신을 몰아세우느라 이미 지쳐 있었다. "해야만 한다.", "늦지 않아야 한다.", "이 정도는 누구나 다 하는 거다." 그런 말들로 나를 채찍질하면서도, 마음은 점점 가라앉고 있었다.

사실 나는 매일 나와 싸우고 있었다. 자신을 밀어붙이며 애써 버텼지만, 그건 오히려 나를 더 움츠러들게 했다. 나는 게으른 게 아니었다. 단지, 겁이 났고, 혼란스러웠으며, 어디서부터 시작해야 할지 몰랐을 뿐이었다.

그걸 이해하는 데 참 오래 걸렸다. 하지만 지금은 안다. 아무것도 하지 못한 날들도, 사실은 살아내기 위해 애쓴 시간이었다는 걸.

그래서 나는, 이제는 나에게 변명을 허락해 주기로 했다.

"그럴 수밖에 없었잖아."

그 말 한마디에, 마음 한편이 조용히 가라앉는 걸 느꼈다.

누구보다 엄격했던 내가, 이제는 나에게 가장 너그러운 사람이 되어주고 싶다.

혹시 지금 이 글을 읽고 있는 당신도, 오늘 하루를 버텨낸 자신에게 그런 말을 건네줄 수 있다면 좋겠다. "그땐, 그럴 수밖에 없었어" 그리고, "그럼에도 나는 잘 살아왔다"라고.

게으름이 아니라 살아남기 위한 방식이었다고, 그렇게 나를 이해하기 시작했다.

나를 용서하기로 했다

어느 날, 여느 때와 마찬가지로 침대 위에서 휴대폰을 들여다보고 있다가 실수로 카메라를 켜고 말았다. 평소라면 바로 꺼버렸겠지만, 그날은 이상하게도 카메라가 꺼지기 전까지 한참을 멍하니 화면을 응시했다. 화면 속에 비친 내 방의 모습은 충격적이었다. 평소 나는 깔끔한 성격은 아니지만 나름대로는 물건을 제자리에 두고 살고 있다고 생각했다. 자주 쓰는 물건들은 늘 손이 닿는 곳에 있었고, 생활 반경만큼은 깨끗하게 유지하고 있다고 믿어왔다.

하지만 화면 너머의 현실은 달랐다. 내 생활 반경을 조금만 벗어나도 방은 난장판이었다. 옷가지들이 여기저기 널려 있었고, 먹다 남긴 과자 봉지와 빈 페트병들이 이곳저곳 흩어져 있었다. 내가 이렇게까지 방을 어질렀다는 걸 미처 몰랐다는 사실이, 순간 나를 부끄럽고 당황스럽게 만들었다.

처음엔 스스로에게 화가 났다. 언제까지 이렇게 살 것인가,

왜 이 모양으로 방치해 두었는지 자책하며 스스로 질책하기 시작했다. 하지만 이런 질책은 오히려 나를 더 깊숙이 침대 속으로 숨게 했다. 책임감과 회피의 감정이 겹쳐 스트레스가 쌓였고, 현실과 마주하는 것이 점점 더 어렵게 느껴졌다.

그러다 문득 생각이 바뀌었다. 회사에서 누군가 실수를 했을 때 나는 그를 비난하지 않았다. 오히려 "괜찮아, 다시 해보자"라며 다독여주었던 나였다. 그럼에도 왜 나는 나 자신에게는 그렇게 엄격하게만 굴었을까? 스스로에게 주는 비난과 압박은 결코 나를 변화시키지 못할 거라는 걸 깨달았다.

지난날의 나를 용서하지 않으면 앞으로 나아갈 수 없다는 생각이 들었다. 실수한 나를 다독이고, 다시 일어설 수 있는 용기를 줘야 했다. 그래서 나는 더 이상 나를 비난하지 않기로 했다. 그리고 과거의 실수를 조용히 용서했다. 나를 용서하고 받아들이는 순간부터 비로소 작은 변화가 시작될 수 있으리라 믿었다.

제2장. 정말 괜찮아질까?

변화를 시작하지 못하는 이유

 변화라는 건 참 어려운 일이다. 크든 작든, 익숙한 무언가를 내려놓고 새로운 것을 받아들여야 하기 때문이다. 사람들은 본능적으로 쉽고 익숙한 것을 선호한다. 지금까지 살아온 방식을 바꾼다는 건 편안한 일상에 균열을 내고 낯선 불확실성 속으로 뛰어드는 것을 의미한다. 그래서 변화 앞에서 망설이게 되는 게 아닐까.

 때로는 어떻게 변해야 할지 몰라서 주저하기도 한다. 막연히 "지금까지 하던 걸 멈추면 된다"라는 생각을 하지만, 문제는 그 이후다. 지금껏 익숙했던 것을 그만두고 나면 그 다음엔 뭘 해야 하는지 막막해진다. 막막함은 다시 익숙한 곳으로 되돌아가게 만든다.

 또 한 가지, 우리는 변화를 두려워한다. '지금 하던 걸 그만두고 새로운 걸 시작했는데 실패하면 어떡하지?', '내가 하고 있는 일이 잘못됐다는 건 알겠는데, 새로운 일이 정말 맞는다는 보장은 어디에 있지?' 이런 질문들이 머릿속을 맴돌며 결국 발걸음을 멈추게 한다. 변화는 언제나 불확실성을 동반하고, 그 불확실성 앞에서 우리는 쉽게 두려움을 느낀다.

어쩌면 변화에 대한 두려움은 나에 대한 불신에서 비롯되는지도 모르겠다. "과연 내가 해낼 수 있을까?"라는 의심이 변화를 더욱 어렵게 만든다. 자신을 믿지 못하는 마음은 결국 작은 시도조차 막아버리고 만다. 반대로 말하면, 변화의 시작은 어쩌면 나 자신을 믿는 데서부터 시작되는 것일지도 모른다.

그래서 변화는 늘 용기를 요구한다. 사실 변화라는 건 결과가 아니라 출발점이다. 변화의 시작이 완벽하지 않아도 괜찮다. 완벽함에 대한 강박을 잠시 내려놓고 조금씩 낯선 길을 탐구하는 과정이 필요할 뿐이다. 익숙한 것을 등지고 낯선 것을 마주하며 천천히 나아가다 보면, 어느새 조금씩 성장한 자신을 발견하게 될지도 모른다. 완벽하지 않아도, 변화의 여정은 그렇게 시작되는 것이다.

결국 중요한 건 시작이다. 완벽한 때를 기다리는 대신, 지금 바로 한 걸음 내딛는 것이 변화를 위한 가장 확실한 방법이다.

마음대로 되지 않아 아픈 날

 가끔, 우리는 실패에 너무 익숙한 건 아닐까?

 성공이 더 많다면 좋으련만, 이상하게도 우리는 자꾸만 실패 쪽으로 고개를 돌린다. 목표를 세우고 그것을 이루지 못하면 늘 '또 안됐구나' 하며 자신을 탓하거나, 변명거리를 급히 만들어내곤 한다. 나 역시 마찬가지다. 1년 만에 2천만 원을 모으겠다는 야심 찬 계획은 어느새 조용히 잊혔고, 매일 퇴근 후 헬스장에 가겠다는 결심은 하루, 이틀 미루다가 흐지부지 사라지곤 했다. 물을 많이 마시겠다는 소소한 목표조차도 바쁜 하루라는 핑계 앞에서 힘없이 무너졌다.

 그런 날이면 침대에 누워 천장을 바라보며 생각한다. 도대체 왜 이렇게 마음대로 되는 게 하나도 없지? 그런데 신기하게도 가끔 성공한 날을 떠올려보면, 뚜렷한 기쁨보다는 그냥 '이 정도는 당연히 해야지'라는 밋밋한 생각이 앞섰다. 퇴근 후 헬스장에 꾸준히 간 어느 날도, 물 한 병을 다 마신 날도 크게 축하받거나 스스로에게 칭찬한 기억이 거의 없다. 성공은 당연하고, 실패는 뼈아프게 각인되는 이상한 역설을 나는 왜 지금껏 깨닫지 못했을까?

똑같이 계획이 어긋난 날이라도 마찬가지다. 여행지에서 바람이 거세게 불어 정성껏 손질한 머리카락이 사방으로 흩날릴 때, 나는 짜증을 내며 '아, 오늘 하루 망쳤다'라고 속으로 투덜댔다. 그러나 정작 날씨가 맑고 머리가 완벽히 정돈된 날에는 기쁨을 표현하지 않았다. 오히려 그런 상태를 당연히 받아들였다. 좋은 조건은 언제나 기본값이었고, 작은 실수나 계획과 다른 일들만이 특별한 사건으로 인식되었다. 이 얼마나 기이한 우리의 마음일까?

어쩌면 나는 성공을 너무 당연하게 여겨왔는지도 모른다. 사실 목표를 이루고, 계획대로 움직이는 일은 그리 쉽지 않은 일인데도 말이다. 실패와 좌절에 익숙해져 있다는 건, 곧 성공을 당연하게 생각하는 습관 때문 아닐까 하는 생각에 문득 마음이 복잡해졌다.

이제는 마음대로 되지 않은 하루를 조금 다르게 바라보고 싶다. 계획이 틀어졌기에 생각지도 못한 풍경과 사람들을 만나고, 의도치 않은 경험 속에서 새로운 깨달음을 얻기도 한다. 그것이 비록 내 마음을 크게 흔들거나 기쁨을 주지는 않을지 몰라도, 적어도 다음번엔 이렇게 하지 말아야겠다는 소중한 배움을 준다. 그러니 나는 더 이상 하루가 마음대로 흘러가지 않더라도 실패로 치부하지 않기로 했다.

어쩌면 삶이란, 계획한 길에서 조금 벗어나야 진정한 나를 만나는 여정인지도 모른다.

괜찮은 척을 그만두기로 했다

 '괜찮다'라는 말은 참 간편하고 쉽게 쓰이는 단어인 듯하다. 딱 잘라 거절하기 힘들 때, 누군가 사과하는데 마땅히 할 말이 없을 때, 무언가 나쁘지 않고 적당히 마음에 들었을 때 주로 사용한다. 괜찮다는, 이런 애매한 상황에서 적당히 사용하기 좋은 단어이다.

 그리고 애써 담담한 척 내 상황을 괜찮은 편이라고 말하기도 한다. 정말 좋지도 나쁘지도 않은 날이면 몰라도 불편하고 나쁜 상황에서도 괜찮다고 하는 것은 과연 괜찮은 걸까? 그 모호한 말에 기대어 하루를 정리하다 보면 감정은 점점 억제되고 진짜 마음과는 멀어지게 된다. 그 반복 속에서 나를 잃어가는 것은 아닐까?

 회사에서 누가 봐도 힘들어 보였고, 실제로 혼자 견디기 힘들었을 때도 누군가 물으면 '괜찮지, 뭐'라 답하곤 했다. 어느 날 문득, 여느 때와 같이 한 괜찮다는 말이 되게 낯설게 느껴졌다. 자동응답기처럼 입은 정해둔 말을 했는데, 마음은 그 말과 거리를 두고 있었다. 남 앞에서는 괜찮은 척하면서 나와는 점점 멀어지고 있는지도 모른다.

괜찮지 않은 날에는 괜찮지 않다고 말해도 되는 건데, 슬픈 날엔 슬프다고 힘든 날엔 힘들다고 말할 수 있었는데 그게 어려웠을까?

나는 너무 오래 내 마음을 다독이기보다는 감추는 쪽을 택했다. 남들은 내가 괜찮다고 하면 '괜찮은가 보다' 생각할 거로 생각했다. 그러다 하루는 내 상황을 지켜본 사람에게 나의 힘듦을 토로해보았다. 입 밖으로 내 마음을 내뱉고 나니 눈에서는 눈물이 흐르고 있었다. 그리고 그에게서 뜻밖의 이야기를 들었다.

"그래 너 요즘 시든 식물같이 시들시들해졌어."

모를 거로 생각했던 건 나의 착각이었고 사실 모두가 알고 있었다. 무얼 위해서 괜찮은 척 애써 아닌 척해왔던 걸까? 내가 아닌척한다고 아닌 게 되는 것도 아니었고, 괜찮지 않음이 들켜도 이미 다 알고 있었기 때문에 날 보는 시선이 달라지는 건 없었다.

힘들다고 입 밖으로 꺼내고 나니 마음 조금은 풀리는 기분이었다. 계속 애써 괜찮은 척하는 건 결국 나 자신을 더 외롭게 만드는 길이라는 것을 깨달았고, 이제는 더 이상 괜찮은 척하지 않기로 했다.

괜찮은 척을 그만두고 나서야, 조금씩 진짜 괜찮아지는 나를 느낄 수 있었다.

기대와 다른 현실을 마주할 때

 기대와 현실 사이에는 늘 보이지 않는 간격이 존재한다.

 우리는 무언가 새로운 시작을 앞두면 늘 기대라는 그림을 미리 그려놓곤 한다. 그러나 삶이라는 건, 언제나 우리가 머릿속으로 그려 놓은 대로 움직이지 않는다. 얼마 전 이직을 준비하며 이 사실을 다시금 뼈저리게 느꼈다.

 솔직히 자신감이 있었다. 취업도, 이직도 큰 어려움 없이 잘 풀려왔기 때문이다. 이번에도 별문제 없으리라는 근거 없는 확신이 나를 감싸고 있었다. 그러나 현실은 그런 기대를 비웃듯 냉정하게 흘러갔다. 경기는 이미 나빠져 있었고, 회사들은 구조조정의 소용돌이 속에서 사람을 뽑는 일조차 조심스러웠다. 내가 지원한 이력서는 그저 이메일함 어딘가에서 잠자고 있을 뿐이었다.

 처음에는 회사들을 원망했다. 공고를 올려놓고 확인조차

하지 않는 무관심한 태도가 야속했다. 하지만 시간이 지나면서 그 원망의 방향이 점점 나 자신으로 향하기 시작했다. "정말 내가 부족한 걸까? 나의 경력이 그렇게 평범했던가?" 하는 의심이 마음을 짓눌렀다. 자존감이 서서히 무너지는 것이 느껴졌고, 이력서를 읽고 무시당하는 것보다 아예 읽히지 않는 현실이 훨씬 더 잔인하다는 사실을 그제야 알게 되었다.

하지만, 이 좌절 속에서 나는 새로운 것을 깨달았다. 기대했던 현실이 무너졌을 때 느끼는 실망감이 오히려 나를 진정한 성장으로 이끌 수 있다는 사실이었다. 현실과 맞닥뜨리면서 나는 나의 부족함과 마주했다. 부족한 부분을 인정하고, 개선할 점을 고민하며 이전보다 더 깊은 고민을 하게 되었다. 뜻하지 않은 실패의 순간들이 나를 더 강하게 만들고 있었다.

돌아보니, 기대와 현실의 간격이 반드시 실패를 의미하지는 않았다. 오히려 그 틈은 내가 더 깊이 생각하고, 더 현명하게 살아갈 수 있는 계기를 제공했다. 이제 나는 기대와 다른 현실을 마주했을 때 좌절보다는 새로운 가능성을 찾는 시간으로 여기기로 했다. 어쩌면 현실은 우리의 기대보다 훨씬 더 다양한 길을 열어주고 있을지도 모른다.

"나, 정말 나아질 수 있을까?"

"나, 정말 나아질 수 있을까?"

스스로에게 던지는 이 질문에는 깊은 두려움과 기대가 함께 섞여 있다. 변화하는 건 늘 어렵다. 원하는 대로 일이 풀리지 않을 때마다 마음이 무거워지고, 현실이 예상과 달라질 때마다 자신감도 흔들린다. 그러다 보니, 정말 나 자신이 나아질 수 있을까 하는 의문을 품게 된다.

하지만, 이 질문을 던지고 있는 사람이라면 이미 변화의 문턱을 넘어선 셈이다. 나아질 가능성이 충분히 있다. 두렵고 불안하지만 그럼에도 나아지고 싶다고 마음먹었기 때문이다. 정말 위험한 건 두려움 때문에 아예 포기하고, 자신에게 '넌 할 수 없다'라며 단정 짓는 것이다. 그런 사람은 애초에 이 질문조차 하지 않는다.

우리가 한 가지 기억해야 할 것은, '나아진다'라는 것이 반드시 '완벽해진다'라거나 '성공한다'라는 의미는 아니라는 점이다. 어디에서 출발했느냐에 따라, 나아진다는 것은 다르게 정의될 수 있다. 주식 투자를 했는데 시장이 하락해 원금조차 되찾기 힘든 상황이라면, 그때는 절망스럽다. 그러나 어느 날 갑자기 시장 상황이 조금씩 회복되어 원금을 회수할 수 있게 된다면, 상황이 충분히 나아진 것이다. 시험에서 계속 실수를 반복하다가 한 문제라도 더 맞히게 되었다면, 그것 역시 나아진 것이다. 여전히 완벽하진 않더라도 말이다.

때로는 주변의 성공 사례가 더 큰 불안을 주기도 한다. 다른 사람들의 눈부신 변화에 비해 나의 변화가 작고 미미하게 느껴져 실망할 수도 있다. 하지만 비교는 공정하지 않다. 나아지는 과정에서 중요한 것은 타인이 아니라, 바로 나 자신이다. 나만의 속도, 나만의 방법으로 조금씩이라도 앞으로 나아가는 그 자체가 충분히 의미 있는 일이다.

깊은 바다에 빠져 물이 턱끝까지 차오르는 절박한 순간에도, 조금 더 얕은 곳으로 한 걸음만 내디뎌보면 물은 어깨 아래로 내려갈 수 있다. 그렇게 한 걸음씩 앞으로 나아가다 보면 어느 순간 두려움은 줄어들고 발 아래 단단한 땅이 느껴질 것이다. 그 과정에서 나는 이전의 내가 아니게 될 것이고, 결국 더 나은 나 자신을 만나게 될 것이다.

그러니 지금 '내가 정말 나아질 수 있을까?'를 고민하는 당신이라면, 이미 충분히 나아질 준비가 되어 있는 것이다. 그 질문 자체가 이미 당신을 나아지게 하고 있다. 그리고 언젠가 뒤돌아보면, 지금 품었던 두려움과 망설임마저도 나아진 당신의 모습에 의미를 더해줄 것이다.

실패를 받아들이는 연습

 실패를 마주한다는 건 누구에게나 쉽지 않은 일이다.

 우리는 실패가 두렵다. 그래서 실패할 가능성이 조금이라도 보이면 아예 시도조차 하지 않으려는 마음이 생긴다. 하지만 가만히 생각해 보면 아무런 시도도 하지 않는 삶은 우리가 지양해야 하는 삶이다. 아무것도 하지 않는다면 아무 일도 일어나지 않는다. 성공도, 실패도, 심지어 성장도.

 어쩌면 실패란 우리가 '시도했다는 증거'가 아닐까? 시도했기 때문에 비로소 성공인지 실패인지 알 수 있는 것이다. 시도조차 하지 않았다면 그 결과를 결코 알 수 없었을 테니 말이다. 실패했다는 건, 내가 용기를 냈다는 뜻이고 그것은 결코 부끄러운 일이 아니다. 오히려 자랑스러워해야 할 일이다. 용기 있는 사람은 어떤 실패에서도 의미를 찾아낼 수 있기 때문이다.

그럼에도 불구하고 실패가 두렵다면, 아마도 그건 같은 실수가 반복되었기 때문일 것이다. 과거의 실수들이 쌓이고 실패가 거듭될수록 우리는 점점 더 위축되고 의욕을 잃게 된다. 그러나 여기서 중요한 사실은, 반복되는 실패 속에서 우리가 진짜 해야 할 일이 실패를 받아들이고 원인을 되짚어 보는 것이라는 점이다.

실패한 나 자신을 똑바로 바라볼 용기만 있다면, 나는 이미 더 나아질 준비를 하는 것이다. 실패를 숨기고 외면하려 애쓰는 순간, 우리는 그 실패로부터 아무것도 얻을 수 없다. 그러나 실패를 솔직히 인정하고 직면하는 순간, 비로소 다음 단계로 나아갈 수 있는 길이 보이기 시작한다.

사실 실패는 결코 나쁜 것만은 아니다. 실패는 우리에게 "이 길이 아니구나"를 분명하게 알려주는 이정표가 되어준다. 잘못된 길을 한 번 걸어봤기에 다시는 그 길을 가지 않을 수 있다. 실패라는 경험이 없었다면 우리는 여전히 잘못된 길에서 헤매고 있었을지도 모른다.

그러니 실패했다는 사실을 인정하고, 자신을 응원해 보자. 나를 향한 따뜻한 응원과 격려는 실패의 순간을 성장의 발판으로 만들어 줄 것이다. 실패를 받아들이는 연습을 통해 우리는 분명 더 나은 사람이 되어 있을 테니 말이다.

불확실함 속에서도 나를 믿기

 불확실함 속에서도 자신을 믿는다는 것은 말처럼 쉽지 않은 일이다.

 처음으로 무언가를 시도할 때, 우리는 흔히 자신에 대한 확신보다는 의심과 두려움을 먼저 만나게 된다. "이렇게 하는 게 맞는 걸까?", "만약 잘되지 않으면 어떡하지?" 이런 걱정이 마음을 무겁게 짓누른다. 그 길을 걸어본 적 없으므로 앞에 무엇이 있는지 알 수 없고, 그래서 두렵기 마련이다.

 처음 두발자전거를 탔던 순간을 떠올려 보자. 균형을 잡지 못하고 넘어질까 봐 긴장했던 그때의 나. 처음 수영을 배울 때 물에 대한 공포에 몸을 떨던 순간도 있었다. 아니면 처음 부모님의 손을 놓고 초등학교 교문을 들어설 때 느꼈던 설렘과 두려움을 기억할지도 모른다. 성인이 되어 처음 자취방 문을 열었던 순간, 취업 후 첫 출근 날에 느꼈던 긴장감은 또 어떠한가.

돌아보면 처음이라는 순간은 늘 불확실함과 공포를 함께 데려왔다. 하지만 결국 우리는 그 불확실함을 뚫고 지금 여기까지 왔다. 자전거 타기에 몇 번이고 실패했을지도 모르고, 여전히 수영을 두려워하는 사람이 있을 수도 있다. 초등학교에 가기 싫어 울음을 터트린 기억이 생생할 수도 있다. 그러나 그 모든 것들이 결국 '해보았기 때문에' 지금의 나를 만들었다.

우리는 실패할 수도 있고, 두려움 때문에 그만둘 수도 있다. 하지만 중요한 것은 두려움 속에서도 '내가 해볼 수 있다'라고 믿으며 한 걸음 나아가는 용기다. 혹시 실패했다고 하더라도, 그 경험을 통해 우리는 나 자신에 대해 더 잘 알게 되고, 다음에는 무엇을 조심해야 하는지 배운다.

불확실함은 언제나 우리 곁에 있을 것이다. 하지만 그 불확실함 속에서 나를 믿고 한 발짝씩 나아갈 때, 우리는 그저 포기한 사람들보다 더 나은 결과를 얻게 된다. 불안과 두려움을 이겨내고 나아가는 과정 자체가 우리를 더 성장시키고 단단하게 만들어줄 것이다.

그러니 지금 불확실한 길 위에 서 있다면, 자신을 믿고 용기를 내보자. 불확실함 속에서 나를 믿는 것, 그것이 결국 인생에서 가장 값진 선택일 것이다.

조금 불안해도 괜찮은 하루

특별히 잘못한 것도 없는데 마음이 뒤숭숭한 날이 있다. 뚜렷한 이유는 몰라도 그냥 그런 날이 있다. 어제와 다르지 않은 하루인데 어딘가 이상한 기운이 내 주변을 감돈다.

그건 아마 불안해서이지 않을까? 확실하지 않은 미래와 그렇다고 답안지로 쓰기에도 애매한 과거가 불안한 현재를 만드는 것 같다. 입버릇처럼 했던 말인 "뭐 해 먹고 살지?"에 대한 답은 언제쯤 할 수 있을까?

별일 아닌 선택에도 자꾸 머뭇거리게 된다. 무엇을 고를지, 어떤 말을 해야 할지 같은 누군가는 '그냥 하면 되는데.'라고 말할만한 사소한 선택들. 지금 내가 무슨 선택을 하든 미래를 알 수 있는 것은 아니지만, 그래서 지금의 선택이 틀리면 한참을 헤맬 것 같다고 생각하는 듯하다.

그래서 요즘은 자주 멈춘다. 멍하니 앉아 있거나, 핸드폰만

들여다보거나, 무의미하게 스크롤을 내리다가 하루가 저물 때도 있다. 그렇게 흘려보낸 시간이 아깝다는 생각이 들면서, 무기력함과 조급함이 뒤섞여 마음이 복잡해진다.

하지만 모든 날이 확신으로 가득할 수는 없으니까. 어떤 날은 그냥, 버티는 것만으로도 충분하다는 걸 이제는 조금 알 것 같기도 하다.

어쩌면 우리는 그런 질문을 평생 안고 살아가는 건지도 모르겠다. 이게 맞는 걸까?', '이렇게 살아도 괜찮은 걸까?'와 같이 누구나 한 번쯤, 아니 자주 묻게 되는 그런 질문들 말이다. 정답을 찾지 못한 채, 정답이 없다는 걸 조금씩 인정하는 것, 요즘 나는 그걸 배우는 중이다. 완전히 괜찮지 않아도, 하루는 생각보다 잘 지나간다는 걸.

불안은 여전히 곁에 있다. 아주 사라지진 않겠지만, 사라지지 않아도 괜찮은 것 같다. 아주 편해지진 않아도, 마음 한쪽이 조금은 느슨해질 때가 있다. 그걸로 충분하다.

조금 불안해도, 오늘 하루는 그럭저럭 괜찮았다. 내일은 괜찮으면 좋지만, 그럭저럭 또 하루를 살아낼 수 있다면 그게 지금의 나에겐 가장 솔직한 바람이다.

천천히 가도 괜찮다

우리는 종종 세상이 빠르게 성공한 사람들의 이야기로 가득하다고 느낀다. 그럴 때면 나도 모르게 마음이 조급해진다. "나만 뒤처지는 건 아닐까?"라는 생각이 머릿속을 스쳐 간다. 하지만 그들이 정말 단숨에 성공했는지 우리는 정확히 알지 못한다. 겉으로는 한 번에 이룬 듯 보이지만, 그들의 뒤편에 우리가 모르는 수많은 실패와 좌절, 밤잠을 이루지 못했던 날들이 있었을지도 모른다.

성공한 이들의 화려한 이야기는 우리를 쉽게 끌어당긴다. 하지만 그 이면에 숨겨진 노력의 시간과 눈물, 끝없는 반복의 흔적들은 잘 보이지 않는다. 어쩌면 우리가 운이 좋다고 부러워하는 그 성공도, 실제로는 수많은 인내와 노력이 쌓여 만들어진 결과물인지 모른다.

모든 사람은 자신만의 속도가 있다. 키가 큰 사람은 한 걸음으로 성큼성큼 걸어가지만, 키가 작은 사람은 여러 걸음을 옮겨야 같은 목적지에 도달한다. 그렇다고 해서 그것이 틀리거나 부족한 것은 아니다. 그저 각자의 걸음이 다를 뿐이다.

뱁새가 황새 따라가려다 가랑이가 찢어진다는 말이 있다. 남과 비교하며 무리하게 따라가려 하다 보면 오히려 나만 힘들어질 뿐이다. 내게 가장 적합한 속도로 걸어야 지치지 않고 꾸준히 나아갈 수 있다. 중요한 것은 얼마나 빨리 가느냐가 아니라 꾸준히 계속해서 나아가는 것이다.

남들이 쉽게 성공하는 모습을 보며 부러워하거나 자책하지 않아도 된다. 천천히, 내 속도로 나아가다 보면 자신도 모르는 사이에 나만의 비결과 경험들이 쌓여있을 것이다. 그렇게 한 걸음씩 내딛다 보면 목표가 어느 순간 손 닿는 곳에 와 있을지 모른다.

그러니 이제부터는 조금 느려도 괜찮다고 스스로에게 말해주자. 남들이 정한 속도에 휘둘리지 않고, 나만의 속도를 믿으며 천천히 꾸준히 걸어가다 보면 결국 원하는 목적지에 누구보다도 더 단단하게 도달해 있을 테니까.

내가 괜찮아질 거라고 말해주는 사람

 처음으로 취업박람회를 가본 적이 있다. 단순히 어떤 곳인지 궁금하기도 했고, 타지에서 열리는 행사에 굳이 가야 할 이유를 찾지 못하겠다는 친구를 뒤로한 채 혼자 길을 나섰다

 시외버스를 타고 갈 때까지만 해도 아무 생각이 없었다. 지원서를 내러 가는 것도 아니고 정말 어떤 분위기인지 궁금해서 가보는 것이었기에 그냥 전시회 구경하듯 가벼운 마음이었다.

 막상 도착해 보니 분위기는 예상과 달랐다. 정말 회사별로 부스를 내고 현장 접수와 면접이 한창이었고, 그곳에서 마주한 사람들은 모두 저마다의 꿈과 목표가 있는 듯했다. 자신과 확신에 찬 사람도 있었고, 조금은 지쳐 보이는 사람도 있었지만 나와는 다른 열기를 가지고 있었다.

아, 내가 너무 안일하게 생각하고 왔구나

이대로 집으로 돌아가면 안 될 것 같았다. 하지만 이력서는커녕, 자기소개서조차도 아르바이트 지원용으로 작성된 것뿐이었다. 그걸 내밀자니 초라했고 아무것도 없이 다가가자니 성의가 없을 것 같았다. 그렇게 어떡하나 생각만 하며 부스 사이를 전전하던 중에 이상하게 한 부스가 눈에 들어왔다.

중년 남성 한사람이 아무것도 없는 빈 책상을 두고 앉아 있는 이상한 부스였다. 무슨 생각이었는지 나도 모르게 부스 안으로 발걸음을 옮겼다. 그러자 조금은 놀란 얼굴로 맞이해주었다.

사실 무슨 이야기를 나눴는지 기억이 나지 않는다. 내가 하고 싶은 게 뭔지 모르겠다고 했던 걸까? 자신도 지금 회사를 차리고 대표로 있지만 아직도 진짜 본인이 하고 싶은 게 뭔지는 모르겠다고 하셨다. 그러니 내가 모르는 것도 당연하다고. 우리의 짧은 대화가 끝날 때쯤 대표님의 마지막 말은 지금까지도 가끔 내게 힘이 되어주곤 한다.

"여기까지 혼자라도 왔으니, 뭘 해도 잘될 거예요."

자신 없고 혼란스러웠던 순간, 누군가의 말 한마디가 생각보다 큰 힘이 될 수 있다는 걸 느낀 하루였다.

제3장. 선택 앞에서 흔들리는 너에게

결정을 미루는 마음

 시작이 어렵다고들 하지만, 사실 결정하는 게 더 어렵다. 시작이라는 건 결국 결정을 내린 뒤에 오는 거니까. 그래서 자꾸만 결정을 뒤로 미루는 게 아닐까?

 결정하는 일이 그리 어려워 보이지 않을 때도 있다. 몇 가지 선택지를 두고 고민하다가 그중 하나를 골라버리면 끝나는 거니까. 또한 택배 상자를 옮기는 일처럼 힘들거나 복잡한 미스터리를 해결하는 것처럼 머리를 써야 하는 일도 아니다. 그런데 왜 자꾸만 우리는 결정 앞에서 망설이고 주저하는 걸까? 아마도 그 이유는 불확실성 때문일 것이다.

 점심 메뉴로 밥을 먹을지 면을 먹을지 고민하는 건 어렵지 않다. 우리는 이미 그것의 맛을 알고, 각자의 입맛이나 기분에 따라 어렵지 않게 고를 수 있다. 하지만 좋아하는 일과 잘하는 일 중 무엇을 선택할지 결정하는 건 이야기가 완전히 다르다. 이 선택 끝에 어떤 미래가 기다리고 있을지,

또 어떤 일이 벌어질지 전혀 예측할 수 없으니까. 경험해 보지 않은 미래에 관한 결정은 그래서 어렵다.

게다가 결정에 따라오는 책임감도 무겁다. 선택했다는 건 그 결과까지 온전히 떠안아야 한다는 뜻이다. 주식 투자나 계약, 심지어 아이를 낳는 문제처럼 한 번 내린 결정이 평생 나에게 따라붙을 수도 있다. 가끔은 책임을 회피하고 싶은 마음도 들겠지만, 결국 누구나 알고 있다. 결정의 결과는 결국 내가 짊어져야 한다는 걸 말이다.

그렇다고 계속해서 미루기만 한다면, 어느 날 문득 후회가 먼저 찾아올 것이다. 후회와 함께 '그때 해볼걸'이란 생각에 더 괴로워질지도 모른다. 알 수 없는 미래 때문에 오늘의 결정까지 미룰 필요는 없다. 완벽한 결정 같은 건 애초에 존재하지 않는다. 어떤 결정이든 내 삶에 중요한 경험이자 지표가 되어줄 테니까.

그러니 결정을 너무 오래 붙들고 있지 않아도 좋다. 그것보다 중요한 건 그 결정과 함께 내가 어떻게 살아가느냐는 것이니까.

작은 선택이 어려운 날들

어떤 날은 유독 작은 일에도 쉽게 지친다. 특별히 힘든 일이 있었던 것도 아닌데, 평소에는 아무렇지 않게 하던 일조차 무겁게 느껴지는 그런 날들 말이다. 아침에 눈을 뜨자마자 오늘은 뭘 입고 나갈지 고민하게 된다. 옷장에는 옷이 가득 차 있지만, 이상하게도 입을 옷이 하나도 없는 것 같은 기분이 든다. 매일 입는 옷일 뿐인데 대체 왜 이렇게 고민하게 되는 걸까.

가볍게 지나칠 수도 있는 이 고민이 길어지는 이유는 아마도 옷이 단지 옷이 아니라 나를 드러내는 방식이기 때문인 것 같다. 날씨나 장소, 주변의 사람들, 이런 것들을 자꾸 생각하다 보면 결국엔 '다른 사람들이 날 어떻게 볼까?' 하는 질문에 도달하게 된다. 그렇게 작은 선택 하나가 마치 나의 모든 것을 대변하는 것처럼 무거워져 버린다.

며칠 전이었다. 옷장 앞에서 몇 분을 서서 고민한 끝에 그냥 손에 잡히는 옷을 입고 출근했는데, 사실 지난주에도 입었고, 지난달에도 입었던 옷이다. 그런데 놀랍게도 하루 종일 아무도 그걸 알아채지 못했다. 아무도 내가 어떤 옷을 입었는지, 이 옷이 새 옷인지 오래된 옷인지 관심조차 없었던 거다. 문득 조금 허탈한 기분이 들었다. 그렇게 신경 쓰고 고민했던 나는 무엇을 위해 그렇게 애썼던 걸까?

사실 많은 고민이 그런 것 같다. 작고 사소한 선택들 앞에서 우리는 종종 과도한 의미를 부여하고 혼자서 괴로워한다. 하지만 세상은 생각보다 우리에게 별 관심이 없다. 속옷이나 잠옷이 아니라면 무엇을 입든 크게 상관없는 일이었는데, 나는 왜 그리 어렵게 느꼈던 걸까?

이제는 조금 더 가볍게 생각해 보려 한다. 모든 선택이 완벽할 필요는 없고, 매 순간 잘하려고 애쓰지 않아도 괜찮다. 옷 한 벌 때문에 하루를 망치지는 말자. 가끔은 그냥 아무 옷이나 입고 나오는 것도 괜찮으니까.

선택하지 못한 나를 미워하지 않기

무슨 옷을 입을지 고민하는 단순한 문제부터 대학 진학을 앞두고 전공을 선택하는 깊은 고민까지, 우리는 크고 작은 선택의 갈림길 앞에 자주 선다. 여기서 알 수 있듯, 고민은 언제나 선택지가 둘 이상일 때 생긴다.

그런데 때로는 아무것도 고르지 못한 채, 한참을 망설이게 된다. 망설임이 길어지면 스스로가 답답하게 느껴지고, 주변의 속도에 뒤처지는 것 같아 불안해진다.

왜 이렇게 결정 하나도 제대로 못 하지? 왜 이렇게 우유부단한 거야.

자꾸만 선택하지 못한 나를 탓하게 된다.

하지만 '무조건 좋은 선택지'는 없다. 언제나 '좋아 보이는 선택지'가 있을 뿐이다. 그리고 좋아 보인다는 건 결국 지금 기준에서의 판단일 뿐이다.

아주 먼 과거, 인류가 정착지를 고를 때 가장 중요한 기준은 농사를 지을 수 있는 비옥한 땅이었다. 그렇게 자리 잡아 도시가 생기고 문명이 꽃피웠다. 시간이 지나 현대에는 세상이 기술이 기술 중심으로 바뀌었고, 석유가 중요한 자원이 되었다. 그리고 아이러니하게도 석유는 풀 한 포기 제대로 자라지 못하는 척박한 사막에서 가장 많이 발견되고 있다.

그렇다고 사람들이 사막으로 몰려가서 이주를 시작한 것은 아니다. 그 먼 옛날에도 사막에서 살던 사람들은 분명 존재했다. 척박한 환경이지만 나름의 방식으로 생활했고, 그러다 시간이 지나며 땅의 가치가 달라진 것이다. 살 만한 곳이어서 산 것이 아니라, 살아온 그곳이 결국 가치 있게 된 것이다.

21세기 대한민국에서 나고 자란 사람들이라면 대부분, 마치 정해진 순서가 있는 듯 비슷한 경로를 겪는다. 12년의 의무교육을 마치면 대학에 진학하고, 졸업이 다가오면 취업하거나 취업 준비를 한다. 안정적인 직장을 가지면 결혼하고 결혼하면 육아를 시작한다. 게임 심즈에서도 이것보다 다양한 삶을 사는 것 같던데 우리는 왜, 마치 '정답이 있는 인생'을 살고 있다고 믿는 걸까?

지금의 우리는 종종 빨리 선택해야만 할 것 같은 압박을 받는다. 정해진 시간 안에 진학, 취업, 결혼 등 인생의 중요한 결정을 해내야 할 것처럼 느낀다. 하지만 사람마다 때가 다르고, 가치를 깨닫는 순간도 다르다. 내가 지금 결정을 내리지 못하고 있다는 사실이 실패나 무능을 의미하지는 않는다.

그럼에도 정해진 길을 걷는 것이 안정된 삶이라 믿고, '이미 다 해봤으니까, 다르게 하면 얼마나 힘든지 아니까 이렇게 하라고 하는 거야'라고 말하는 사람도 있다. 그 말이 어느 정도 맞을지도 모른다. 하지만 그 기준은, 지금 이 순간을 사는 나와는 다른 시대의 가치일 수 있다.

언제나 우리는 모든 것을 안 뒤에 선택하는 것이 아니라, 모르는 채로 결정해야 하는 상황에 놓인다. 그러니 너무 조급해하지 말자. 선택은 언제나 그 순간의 내가 가진 정보, 경험, 감정 안에서 최선을 다한 결과다. 그러니 아직 준비되지 않은 나, 망설이는 나를 너무 탓하지 말자. 결정을 유예하고 있는 지금 이 순간조차도 언젠가 그 자체로 의미 있는 시간이 될 수 있으니까.

후회 앞에서 망설이는 그대에게

완벽한 선택이란 존재하지 않는다. 우리는 매 순간 선택과 후회 사이에서 망설인다. 후회는 결과가 기대와 다르게 나타나거나, 더 좋은 선택지가 있었음을 뒤늦게 깨달았을 때 찾아오는 그림자 같은 감정이다. "조금 더 신중했더라면", "조금만 더 찾아봤더라면" 하는 아쉬움이 늘 우리 곁을 맴돌지만, 사실 그 어떤 선택도 완전한 확신과 함께 이루어지는 법은 없다. 모든 결정은 그 순간 가장 좋은 선택으로부터 시작된다. 그 당시 우리는 최선을 다했고, 알 수 있는 만큼을 알았다.

망설이다 보면 때를 놓쳐 결국 하지 못하는 일들이 있다. 하지 못한 일들은 시간이 흐를수록 더 깊은 후회로 돌아오기 마련이다. 지금의 순간은 다시 돌아오지 않는다. '현재의 나'는 인생에서 가장 젊으면서도 동시에 가장 나이 든 모습이기도 하다. 그러니 고민의 무게가 당신을 주저앉힐

만큼 무겁다면, 차라리 행동으로 나아가보는 것이 현명한 일이다.

물론 모든 것을 다 해볼 수는 없다. 때로는 하지 않는 것이 맞을 수도 있고, 하지 않은 선택 덕분에 안도하게 될 수도 있다. 하지만 인생에서 가장 안타까운 후회는 '해보지 않아서' 생기는 후회다. 안 해본 일에 대한 상상은 무한히 달콤하거나 혹은 무한히 두려운 환상일 뿐이다. 결국 우리가 진정한 결과를 알 수 있는 유일한 방법은 직접 부딪혀 보는 것이다. 그 순간이 아니면 기회가 돌아오지 않을지도 모르는 일이라면 더욱 그렇다.

그렇기에 두려움이 발목을 잡을 때마다 이렇게 생각하면 좋겠다. 인생의 방향은 실패와 후회가 아니라 경험과 성장이 결정한다고 말이다. 우리가 선택을 망설이는 이유는 미래에 대한 두려움 때문이지만, 선택의 가치는 해본 경험에서 비롯된다. 설령 그것이 실패로 끝나더라도 우리는 그 실패로부터 얻는 무언가를 품고 한 뼘 더 성장할 수 있다.

그러니 후회가 두렵다면, 지금 한 발을 내디뎌보자. 후회조차 우리의 삶을 채우는 소중한 경험이 될 테니.

마음이 가는 길로 걸어보기

 머리는 이게 맞다고 하는데, 마음은 자꾸 다른 걸 바랄 때가 있다. 진로를 선택할 때, 안정적이고 전망이 좋은 길을 택하라는 머리의 목소리와 내가 진정 원하는 길을 가라는 마음의 소리가 서로 부딪힐 때가 있다. 또는 카페에서 가서 음료만 주문하려고 했는데 디저트까지 주문할지 고민이 되는 등 마음이 먼저 움직이는 순간은 의외로 많다.

 이와 같이 반복되는 일상에서 문득 지금 걷는 이 길이 맞는 걸까 생각이 들 때가 있다. 머리는 지금의 안정과 책임을 외치지만, 마음은 아주 오래전부터 다른 곳을 바라보고 있었던 것처럼 느껴질 때가 있다. 과연 이성만이 논리이고 감정과 직관은 비논리인 것일까? 어쩌면 감정은 이성보다 더 깊은 지혜일지도 모른다.

 실제로 뇌과학 연구에 따르면, 직감이란 과거 경험과 기억, 다양한 감각 정보를 빠르게 종합하여 내려지는 판단이라고 한다. 다시 말해, 직감은 단순한 충동이 아니라 빠르고 정교한 사고 과정의 결과물이라는 것이다.

그런 날이 있다. 외출 준비를 끝내고 신발장에 섰을 때였다. 평소와 똑같은 신발장이었는데 갑자기 내 눈에 접는 우산이 보였다. '오늘 해가 쨍쨍한데? 양산이면 몰라도 우산은 짐이야.' 그리고 그날 오후 갑자기 비가 내렸다. 또 어떤 날에는 시험을 치고 OMR카드에 마킹을 할 때였다. 거침없이 마킹을 하던 손이 멈추고 이상하게 머뭇거리기 시작했다. 그래서 지금까지 마킹한 것을 다시 들여다보게 되었다. 그렇게 교차 검증을 하면서 잘못 마킹한 문제도 발견했고, 틀린 문제도 발견하여 고칠 수 있었다.

이처럼 직감이 먼저 판단하고 조치를 취한 후 상황이 종료된 그 뒤에야 의식이 따라온다. 그러니까 마음의 끌림은 비논리가 아니라 빠른 형태의 종합적 판단이라고 할 수 있다. 비이성이 아니라 또 다른 형태의 이성인 것은 아닐까.

하지만 우리는 이런 직관을 자주 무시한다. 마음이 가는 방향이 분명한데도, 안정적이지 않거나 남들이 우려할 만한 선택이라는 이유로 마음의 신호를 외면하고, 결국 "가장 안전한" 길을 택한다. 문제는 그렇게 택한 길도 실패할 수 있다는 것이다. 어차피 결과는 해보지 않으면 모르는 것이다.

그럼에도 마음이 가는 길 위에는 '무모함'이라는 이정표를 꽂아둔다.

그렇게 감정의 선택을 무시하고 이성의 선택을 따라가면서 우리는 어느 순간 이런 질문을 한다.

"지금 내가 가는 길이 정말 내가 원했던 길일까?"

아무리 논리적으로 완벽한 길이라 해도, 내 안의 끌림을 완전히 배제한 채 걸어가는 길은 조금씩 균열이 생기기 시작한다. 겉으론 괜찮아 보여도, 그 안에서 서서히 지쳐가고 있는지도 모른다.

딱히 이유를 설명하지 못한 채, 어떤 방향을 향할 때도 있지만, 우리는 그런 끌림을 '비합리적'이라고 무시하곤 한다. 하지만 딱히 이유는 없지만 자꾸 끌린다는 것은 이미 우리 안에 존재하던 무언가를 건드렸다는 뜻이다. 그건 오랜 시간 쌓인 기억일 수도 있고, 상처를 치유하려는 본능일 수도 있다. 그래서 어떤 선택은 설명이 되지 않아도, 마음이 알고 있는 길이기도 하다.

그런 마음을 애써 외면하지 않고 조심스럽게라도 한 걸음 내디뎌보는것이 어떨까? 마음이 바라는 대로 선택했을 때 결과가 생각보다 좋지 않을 수도 있다. 후회하지 않기 위해 선택하는 것이 아니라 내가 정말 원했던 삶을 살아가기 위해 선택하는 것이다. 최소한 후회하지 않는 삶이 아니라 진정 내가 원하는 삶을 향해 한 걸음 내디딘다는 의미가 있다.

 이성은 망설일 때도 있지만, 마음은 이미 정답을 알고 있다. 오늘만큼은 너무 먼 곳을 내다보려 애쓰지 말고, 마음이 가리키는 방향을 따라 조심스레 한 걸음을 내딛어 보자. 그것이 바로 지금의 나를 지키고 앞으로의 나를 만들어갈 길이다.

감정에 휘둘리지 않고 살아가기

 감정은 늘 예고 없이 찾아온다. 몸이 아플 때, 피곤할 때, 또는 사람들과 부딪힌 후에는 더더욱 그렇다. 감정은 때로 우리가 서 있는 자리를 한순간에 바꿔놓기도 한다. 그래서 감정이란 내가 통제할 수 없는 어떤 것으로 여겨지곤 했다. 하지만 최근 몇 가지 경험을 통해, 감정은 생각보다 쉽게 바뀔 수 있는 존재임을 깨닫게 되었다.

 우울하거나 슬플 때, 우리는 종종 그 이유를 찾으려 애쓴다. 그러나 가끔은 이유가 없어도 슬프고, 이유를 찾는 것 자체가 그 감정을 더 깊게 만드는 것 같다. 얼마 전, 심리학 책에서 "슬퍼서 우는 것이 아니라 울어서 슬프다"라는 문장을 보았다. 처음엔 선뜻 공감하기 어려웠지만, 실제로 시도해 본 이후 그 말이 내 안에서 묘하게 설득력을 가지기 시작했다.

 어느 날, 이유 없이 기분이 다운되었던 적이 있었다. 그때

문득 그 말이 떠올라 거울을 보고 1분동안 웃어보려 했다. 처음에는 너무 어색하고 우스꽝스러웠지만, 잠시 후에 정말로 기분이 나아지는 것을 느꼈다. 우스꽝스러운 모습 때문이었는지, 억지로라도 긍정적인 행동을 취하니 감정도 조금씩 따라오는 느낌이었다. 반대로 울거나 한숨을 내쉬는 등의 부정적 행동이 슬픔을 더욱 깊게 만든다는 말도 이제는 쉽게 이해할 수 있었다.

하지만 언제나 이렇게 간단히 감정을 바꿀 수 있는 건 아니다. 여전히 어떤 날에는 감정을 조절하는 게 쉽지 않다. 그럴 땐, 내가 아닌 다른 누군가의 시선으로 나를 바라보는 연습을 한다. 친구의 고민은 쉽게 풀리는데 내 고민은 유독 복잡하게 느껴지는 경우가 많기 때문이다. 실제로 내 고민을 다른 사람에게 이야기해 보면, 예상치 못한 단순한 해결책을 얻곤 했다. 제삼자의 입장에서 보면, 내가 크게 부풀려 놓았던 문제도 의외로 작고 명확하게 드러났다.

최근에는 나의 고민을 아예 '남의 고민'처럼 생각해 보기 시작했다. 문제를 마치 타인의 일인 양 바라보면 감정의 무게가 줄어든다. 객관적인 시각이란 단지 이성적 판단을 위해서가 아니라, 감정의 소용돌이 속에서 길을 잃지 않기 위한 하나의 도구임을 깨달았다.

물론 이 모든 방법이 감정을 완벽하게 조절할 수 있는 것은 아니다. 가끔은 충분히 슬퍼하거나 기뻐하며 감정을 있는 그대로 받아들일 필요가 있다. 다만 중요한 순간, 결정적인 상황에서만큼은 감정이 나를 통제하지 않도록 거리를 두는 연습이 필요하다는 것이다. 내 안의 복잡한 감정의 풍경에서 잠시 멀어져, 그저 관찰자의 입장이 되는 것만으로도 나는 조금 더 단단해지는 것을 느낀다.

불확실한 순간에도 우리는 성장하고 있다

 우리는 늘 경험 속에서 성장한다. 책을 통해 얻는 지식, 누군가의 말을 들으며 공감하는 순간, 그리고 직접 삶 속에서 부딪히며 깨달은 모든 것이 성장의 일부가 된다. 사람은 누구나 자신이 경험하고 이해한 만큼 세상을 바라보고 믿는다. 나는 성장이 멈추는 순간은 오직 한 가지 경우라고 생각한다. 바로 아무것도 하지 않을 때다.

 사람은 끊임없이 무언가를 배우고 발전해야만 한다. 그렇지 않다면 그저 나이를 먹는 것뿐이라는 생각이 든다. 어릴 때는 종종 "존경하는 위인이 누구냐"라는 질문을 받곤 했는데, 그때 나는 쉽게 대답하지 못했다. 아직 어린 나는 모든 면에서 부족한 사람이었고, 누군가를 닮아야겠다는 생각조차 제대로 해본 적이 없었기 때문이다.

 시간이 흘러 다양한 사람을 만나면서 내가 가장 먼저 눈여겨본 것은 아이러니하게도 '좋지 않은 모습'이었다.

타인에게 무례하거나 주변 사람들을 불편하게 만드는 이들을 보며 나는 다짐했다. "나는 절대 저렇게 나이 들지 말아야지." 그런 모습으로 늙는다면 나이는 먹어도 진짜 어른이 될 수 없다고 생각했다.

하지만 나 역시 아무것도 하지 않던 시간이 있었다. 그 시절의 나는 현실을 피하고자 그저 이불 속에서만 숨어 지냈다. 그때 내가 한 일이라고는 잠자기, 배고프면 아무거나 먹기, 빨래하기 정도가 전부였다. 그렇게 보낸 시간 동안 나는 발전은커녕 오히려 나를 더 무기력하게 만들고 삶의 균형마저 잃어버리고 말았다. 그때 느꼈던 두려움은 내가 '성장하는 어른'이 아니라 그저 '늙어가는 노인'으로 살아가게 될지도 모른다는 불안이었다.

그 두려움이 나를 다시 움직이게 했다. 작은 일 하나부터 시작했다. 매일 글을 쓰고, 생각을 정리하며, 아주 사소한 일들을 꾸준히 해나갔다. 그 당시에는 이런 작은 행동들이 어떤 결과를 가져올지 전혀 알 수 없었다. 지금 이 글을 쓰는 순간조차 나는 여전히 확신이 없다. 내가 쓰는 글이 누군가에게 닿을지, 그리고 어떤 의미로 쓰이게 될지 모른다. 그런데도 나는 계속 글을 쓰고, 생각을 다듬으며, 움직이고 있다.

지금 와서 돌이켜 보면, 불확실성이야말로 내가 성장할 수 있게 만든 가장 중요한 요소였다는 생각이 든다. 나의 성장은 늘 불확실하고 혼란스러운 지점에서 시작되었다. 그리고 앞으로의 모습 또한 아직 명확하지 않다. 하지만 중요한 것은 지금 내가 조금이라도 앞으로 나아가고 있다는 사실이다. 완벽한 계획이나 확신보다는 움직임 자체가 나를 성장하게 한다는 사실을 깨닫게 되었다.

불확실한 순간에도 우리는 성장한다. 그러니 너무 깊이 고민하지 말고, 일단 작더라도 한 발짝 앞으로 나아가 보자. 그렇게 걷다 보면 언젠가, 내가 한 번도 만나지 못했던 나 자신과 마주하게 될지도 모른다.

결정은 결국 나를 닮아간다

 선택의 순간이 오면 난 멈추곤 한다. 왜일까? 마음속엔 늘 정답을 찾아 헤매는 질문들이 먼저 떠오른다.

 "이걸 선택했다가 후회하면 어떡하지?"

 별거 아닌 일에도 망설이고, 중요한 일일수록 더 깊은 고민에 빠진다.

 어떤 선택이든 늘 나는 '정답'을 찾으려 애썼다. 실수하고 싶지 않아서, 후회하지 않기 위해서라는 이유로 언제나 머뭇거렸다. 하지만 머뭇거린 후의 선택이 정답이기만 한 것은 아니었다.

 주변에서 만류하는 관계의 친구가 있었다. 이유는 내가 너무 스트레스를 받기 때문이었다. 사실 나 역시 버겁고 불편하게 느끼는 상대였지만, 그래도 친했고 함께 놀 때는 즐거웠기에 관계를 유지하려 했다. 그러다 어느 순간부터 자연스럽게 그 친구와 멀어지기 시작했다. 나중에 알고 보니 주변 친구들이 내가 힘들어하는 걸 눈치채고, 조심스럽게 거리를 둘 수 있도록 도와줬던 것이었다. 그렇게 관계가 멀어진 뒤에야, 그 친구와의 시간이 내 생각보다 훨씬 더 버겁고 불편했다는 사실을 깨달을 수 있었다. 왜 내 이야기인데 내가 잘 몰랐을까? 어쩌면 우리 모두, 자기 마음을 이해하고 해결하는 일에 서툰지도 모른다.

사실 친구의 고민을 듣다 보면 답이 명확한데 고민하는 이유를 이해하기 힘든 경우가 있다. 아니 많다. 하지만 당사자로서는 아주 중대한 고민일 것이다. 결국 내가 추천해 준 방식이든 아니든 그 나름대로 결론을 가지고 돌아간다. 때론 고민을 털어놓으면서 해결책을 찾기도 한다. 이렇듯 대부분 고민의 해답은 사실 나에게 있다.

어떤 선택을 하든, 그 안에는 내 삶의 방식이 들어있다. 무언가를 오랫동안 고민하고 결정하는 성격, 누군가에게 휘둘리지 않으려는 마음, 실은 용기를 내고 싶은 욕망까지. 남들이 보기에 사소한 선택이라도 내가 어떤 마음으로 이것을 선택했는지가 더 중요하다.

선택은 실패와 성공으로 나눌 수 있는 것이 아니다. 오히려 그 순간의 마음과 나의 가치가 담긴 결정에 담긴 의미를 바라볼 수 있어야 한다. 결정은 끝이 아니라, 나를 알아가는 긴 여정의 일부다. 그래서 후회 역시 그 여정 속에서 나를 더욱 깊이 이해하게 해주는 감정일지도 모른다.

완벽한 선택은 없었다. 다만 나를 조금 더 이해하게 만든 선택들만이 있었다.

선택하지 않아도 괜찮은 날

 가끔 우리는 살아가면서 끊임없이 무언가를 선택하고, 계속해서 변화해야 한다는 압박감에 지칠 때가 있다. 삶이라는 것이 늘 움직이고 발전해야만 하는 걸까? 늘 변화해야 하고 앞으로 나아가야만 한다는 생각이 당연해져 버린 세상에서 가만히 머무르는 일은 불안과 두려움으로 다가온다. 끝없이 이어지는 선택의 갈림길 앞에서 문득 멈춰 서게 될 때, 때로는 아무것도 하지 않고 조용히 쉬어가는 날을 가져도 괜찮다.

 '아무것도 하지 않는다'라는 말이 자칫 부정적으로 들릴 수도 있다. 하지만 아무것도 하지 않는다는 건 단순히 부정적인 상태에 머물러 있음을 의미하는 게 아니다. 오히려 적극적이고 의도적으로 자신에게 여유와 휴식을 허락하는 것이다. 쉼은 삶의 여백이며, 바쁜 하루 속에서 필요한 숨을 고르는 순간이다. 말을 쉬지 않고 이어가면 결국 듣는 사람의 귀와 마음이 지치듯, 우리의 몸과 정신 역시 지속적인 활동으로 지쳐버릴 수밖에 없다.

사람의 뇌는 적절한 휴식을 통해 정보를 정리하고, 다시 집중할 준비를 한다. 충분히 쉬어야만 새로운 에너지를 얻고, 그 에너지를 통해 다시 움직일 수 있다. 이것이 바로 '2보 전진을 위한 1보 후퇴'다. 가끔은 아주 제대로 된 휴식을 취해 보자. 완벽한 쉼을 통해 우리는 소모된 힘을 다시 충전하고 내일을 살아갈 준비를 할 수 있다. 방전된 휴대폰을 아무리 켜보려 해도 작동하지 않듯, 우리 역시 제대로 쉬지 않으면 아무것도 제대로 할 수 없다.

그리고 어쩌면 '쉼'을 선택하는 것도 분명한 선택이다. 우리는 끊임없이 무언가를 결정해야 한다는 강박에서 벗어나야 한다. 아무것도 하지 않고 멈춰 있는 순간에도 사실 우리는 무언가를 선택하고 있는지도 모른다. 쉼을 통해 내 삶을 되돌아보고 다시 방향을 정할 힘을 얻고 있다는 것이다.

그러니 때로는 아무것도 하지 않는 날을 용기 있게 맞이해 보자. 쉬는 것이 결코 뒤처짐을 뜻하는 것이 아니다. 오히려 잠시의 멈춤은 다음 걸음을 더욱 힘차고 단단하게 만들 수 있다. 삶의 무게를 잠시 내려놓고 숨을 깊게 들이쉬며 나 자신과 마주하는 날이 필요하다.

 선택하지 않아도 괜찮은 날이 있다는 것을 잊지 말자. 그렇게 나에게 온전한 쉼을 허락할 때, 우리는 다시 한번 힘차게 앞으로 나아갈 수 있는 준비를 하게 된다.

지금, 이 순간을 살아갈 용기

우리는 살아가면서 수많은 선택의 순간 앞에서 불안과 두려움에 떨곤 한다. 중요한 결정을 내려야 하는 그 순간, '이 선택이 정말 옳은 걸까?' 하는 의심은 끈실기게 우리를 괴롭힌다. 결국 망설임 끝에 내린 선택조차 때로는 후회와 무력감을 불러오기도 한다. 하지만 삶의 진정한 도전은 선택 그 자체에 있지 않다. 그것은 선택 이후 우리가 그 결정을 어떻게 마주하고, 그 순간을 살아갈 용기를 가지느냐에 달려 있다.

내가 내린 선택이 옳은 건지 고민하는 것도 필요하지만, 그것보다 더 중요한 건 이미 내린 선택을 받아들이고 앞으로 나아가는 자세다. 결정의 옳고 그름은 시간이 흘러야만 알 수 있는 것이고, 이미 이루어진 선택은 우리가 그 순간 할 수 있었던 최선의 결정이었다. 결국 지금 우리가 해야 하는 것은 그 선택을 믿고 최선을 다하며 현재를 살아가는 것이다.

물론 선택을 믿고 앞으로 나아가는 일이 쉽지만은 않다. 때로는 결정 이후의 과정이 선택 자체보다 훨씬 더 어렵고 고통스럽기도 하다. 잘못된 길일 수도 있다는 불안, 예상과 다른 결과에 대한 두려움은 우리 마음속에서 쉽게 사라지지 않는다. 하지만 그런 불안감을 내려놓고 지금 이 순간에 온전히 집중하는 것이 필요하다.

우리가 선택한 지금을 온전히 살아가는 것이 결국 불안과 후회를 극복하는 가장 확실한 방법이다. 불안과 두려움 속에서도 지금, 이 순간을 충실히 살아가다 보면, 우리는 어느새 조금씩 앞으로 나아가고 있는 자신을 발견하게 될 것이다. 모든 일이 계획대로 잘 풀리지 않을 수도 있다. 때로는 기대했던 것과 전혀 다른 결과를 마주하기도 한다. 하지만 그런 상황에서도 우리가 지금 할 수 있는 제일 나은 선택을 내리고 행동한다면, 그것 자체로 충분히 용기 있는 일이다.

설령 그 결과가 실패라고 해도, 지금을 살아가는 용기가 있다면 우리는 실패 앞에서도 무너지지 않고 다시 일어설 수 있다. 실패를 통해서도 우리는 무언가를 배울 수 있고, 그렇게 얻은 경험과 용기는 우리를 더욱 단단하게 만들어 준다. 지금을 살아가는 용기란 단순히 불안에서 벗어나는 것만이 아니라 실패를 받아들이고 다시 도전할 힘을 키워주는 것이다.

결국 우리의 삶은 지금, 이 순간에 충실할 때 가장 의미 있게 채워진다. 너무 먼 미래에만 집착하거나 지나간 결정에 얽매이기보다 현재에 집중하고 이 순간을 온전히 살아가 보자. 우리가 살아가는 지금의 모든 순간이 결국 더 나은 내일을 만드는 힘이 될 것이다. 지금, 이 순간을 살아가는 용기를 가지자. 그러한 용기가 우리 삶을 진정으로 풍요롭게 만들 것이며, 더 나은 내일을 위한 가장 강력한 힘이 되어줄 것이다.

제4장. 나를 만나는 시간

미래가 막막해서 불안하다면

 미래가 막막하다고 느끼는 것은 당연한 일이다. 그 누구도 완벽하게 미래를 예측할 수 없기 때문이다. 지금 우리가 겪고 있는 불안과 고민의 근본적인 원인도 사실 불확신한 미래에 대한 두려움에서 비롯된다. 우리가 불안을 느끼는 이유는, 다가올 일들이 어떻게 펼쳐질지 전혀 알 수 없기 때문이다. 결말을 모르는 소설처럼 미래 역시 미지의 영역이기에 자연스레 두려움과 불안함이 생기는 것이다.

 그렇다면 평생 불안 속에서 살아가야만 하는 걸까? 완전히 불안을 없애는 방법은 아마 없을 것이다. 하지만 불안을 조금이라도 줄이거나, 최소한 그 불안이 나를 지배하지 않게 만드는 방법은 분명히 존재한다. 불안함을 줄이기 위한 첫 번째 단계는 바로 '나 자신을 이해하고 받아들이는 것'이다.

 사람은 누구나 내일 일어날 일을 완벽히 예측할 수 없다. 가끔 우리는 기상청이 날씨를 정확히 예측하지 못한다고 불평한다. 최첨단 과학 기술을 이용해 분석하고 예측을 해도, 결국 일정한 오차범위가 있기 마련이다. 심지어 과거에 있었던 지구 종말 예언들도 여러 차례 빗나갔다. 그런데 한낱 인간의 머리로 미래의 모든 것을 정확히 예측하고 통제할 수 있다고 믿는 것이 오히려 더 비현실적이지 않을까?

우리는 계획을 세우지만, 그 계획대로 되는 날도 있고 그렇지 않은 날도 있다. 때로는 예상치 못한 변수로 인해 계획이 무산되기도 한다. 하지만 아직 일어나지도 않은 미래의 변수들을 미리 걱정하고 불안에 떨면서 하루를 보낼 필요는 없다. 미래는 통제할 수 없지만, 현재 내가 할 수 있는 일에 집중하고 최선을 다하는 것은 분명 가능하기 때문이다.

그렇기에 불안이 다가올 때마다 자신에게 이렇게 말해보자. "이런 일이 생길 수도 있고, 저런 일이 일어날 수도 있어. 하지만 지금 당장은 아직 아무것도 일어나지 않았잖아. 그러니까 우선 이 순간에 할 수 있는 최선을 다해보자." 이렇게 현재에 집중하는 습관을 가지면 불안은 점점 뒤로 물러날 것이다.

가장 중요한 것은 불확실성을 자연스럽게 받아들이고 여유를 갖는 마음이다. 미래가 막막한 건 어쩌면 당연한 일이니까, 막막함 그 자체를 자연스럽게 받아들이는 것이 오히려 현명한 방법일지도 모른다. 불안을 다스리려면 너무 멀리 보려 하기보다 지금 내가 발 디딘 자리부터 단단하게 만들 필요가 있다.

불확실한 미래 속에서도 지금의 나를 믿고, 천천히 한 걸음씩 나아가자. 그렇게 내면의 힘을 키우다 보면 어느새 막연한 불안감은 줄어들고, 오히려 미래를 기대하며 맞이할 수 있는 자신을 발견하게 될 것이다.

내가 진짜 원하는게 뭘까?

지금까지 살아오면서 진지하게 나 자신에게 질문을 던져본 적이 있었을까? 문과냐 이과냐를 결정할 때도, 대학이나 직장을 선택할 때도 사실 깊이 고민하거나 내가 진정 원하는 것이 무엇인지 생각해본 적이 별로 없었다. 막연히 '그냥 지금 이게 더 좋아 보이니까'라는 단순한 기준으로 결정을 내리고, 그것이 나를 위한 최선이라 생각하며 살아왔을 뿐이었다.

그러다가 처음 이직 준비를 시작했을 때 비로소 내 안에 존재하던 큰 문제를 발견했다. 바로 내가 진짜로 원하는 게 뭔지 전혀 알지 못하고 살아왔다는 사실이었다. 그저 주어진 대로, 남들이 하는 대로 따라오다 보니 진짜 내 모습은 어디에도 없었다. 내가 원하는 직장이나 원하는 삶에 대한 구체적인 기준조차 없었고, 그저 막연히 '지금 하는 일 말고 다른 일을 하면 좀 더 나아지지 않을까?' 하는 모호한 기대감뿐이었다.

그래서 새로운 업계를 알아보고 도전했지만, 결과는 예상했던 것보다도 더 좋지 않았다. 실패와 좌절, 그리고 주변 사람들과 비교하며 느끼는 외로움까지 나를 깊은 우울감 속으로 끌고 들어갔다. 실패의 경험을 통해서도 배울 것이 있다곤 하지만, 당시의 나는 그런 깨달음보다는 도대체 왜 나만 뒤처지고 있는지, 무엇이 문제인지에 대한 고민과 불안만 가득했다

그때 처음으로 진지하게 나 자신을 탐색하기 시작했다. 다양한 심리검사와 무료 상담 프로그램들을 찾아보다가 '이고에그'라는 라이프 성향 진단을 발견하게 되었고, 호기심에 진단을 받아보았다. 무료 진단을 받아본 후 상담에 관심이 생겨 추가로 유료 상담까지 신청했다. 그리고 놀랍게도, 그 상담을 통해 나 자신이 진짜 원하는 게 무엇인지 조금씩 보이기 시작했다.

상담을 통해 알게 된 내 진짜 욕구는 새로운 일자리가 아니었다. 바로 충분한 휴식과 스스로에 대한 이해, 그리고 내 삶에 대한 명확한 방향성이었다. 이걸 깨닫고 나니 그동안 나를 짓누르던 취업에 대한 압박감과 실패로 인한 우울감이 서서히 옅어지기 시작했다. 나 자신에게 진짜

필요한 게 무엇인지 알게 되는 순간, 그토록 강하게 날 짓누르던 불안감이 조금씩 해소되었다.

결국 나를 불안하게 만들었던 것은 '진짜 내가 원하는 것'이 아니라, 다른 사람들이 원하는 것을 따라가느라 제대로 들여다보지 않았던 내 마음의 공백이었던 것이다. 삶에서 중요한 결정을 내리기 전, 우리는 항상 스스로에게 질문을 던져야 한다. "내가 지금 하려는 이 일은 내가 진정 원하는 것일까? 아니면 단지 불안을 피하기 위해 선택하는 것일까?" 이 질문이 우리를 진정한 자신과 만날 수 있게 해줄 것이다.

그러니 불안할 때마다 한번 멈추고 자신에게 물어보자. "나는 지금 진짜 무엇을 원하는 걸까?"

나를 제대로 바라보는 연습

처음 심리 상담을 신청했을 때만 해도 그 결과가 내게 얼마나 큰 영향을 미칠지 상상하지 못했다. 상담을 신청한 이유는 그저 '내가 어떤 사람인지 알고 싶다'라는 난순한 호기심 때문이었다. 그런데 상담 결과를 받아 든 순간, 내 예상과는 완전히 다른 모습을 마주하고 말았다.

나는 평소 감정적으로 매우 예민한 편이었다. 주변 사람이 슬퍼하면 이유를 몰라도 같이 울어버릴 정도였다. 그래서 상담 결과가 '냉철하고 감정보다는 이성적으로 판단하는 편'이라고 나왔을 때, 처음엔 믿기 어려웠다. 결과지를 보며 이건 내가 아니라며 부정했고, 솔직히 당황스러웠다.

하지만 곧 냉정히 내 생활을 돌이켜보기 시작했다. 업무가 바쁘고 정신없는 상황에서 갑자기 일이 늘어난 동료에게 차갑게 "어쩔 수 없지, 야근해야지"라고 말했던 내 모습을 떠올렸다. 계획을 지키기 위해 융통성을 발휘하지 않고 단호하게 밀어붙였던 내 모습도 생각났다. 돌이켜 보면 나 역시 감정적인 공감만큼이나 이성적이고 냉정한 면이 뚜렷했다는 걸 인정하지 않을 수 없었다.

이 과정에서 나는 상담사와 함께 내가 좋아하고 싫어하는 것들, 피하고 싶었던 기억과 외면해 왔던 감정들까지 깊이 들여다보게 되었다. 사실 내 진짜 모습을 직면하는 일은 생각보다 쉽지 않았다. 때로는 마음 아픈 기억들이 떠올라 혼자 울기도 했고, 인정하고 싶지 않았던 내 모습들을 마주하며 매우 힘들었다. 하지만 나는 마음속 깊은 곳에서 알고 있었다. 지금 이 순간 내 진짜 모습을 직면하지 않으면, 언젠가 다시 같은 고민과 고통을 반복할 수밖에 없을 거라는 걸 말이다.

그래서 나는 마음을 열고 내가 어떤 사람인지 정확히 마주하기로 했다. 그 결과, 나는 내가 생각했던 것보다 더 관심받기를 좋아하고, 다른 사람 일에 적극적으로 관여하고 싶어 하며, 사랑받고 싶은 마음이 큰 사람이라는 사실을 깨달았다. 이런 면을 인정하자 신기하게도 내 마음은 조금 더 가벼워졌고, 주변 사람들에게도 전보다 훨씬 솔직하게 나를 드러낼 수 있게 되었다.

나 자신을 제대로 바라보고 인정하는 것이 처음엔

불편하고 두려웠지만, 그 과정을 통해 나는 내게 조금 더 가까워졌다는 느낌을 받았다. 완벽한 사람은 아니지만, 이제는 적어도 더 잘 이해하고 있다고 자신 있게 말할 수 있다. 자신을 정확히 이해한다는 건, 생각보다 훨씬 더 큰 힘이 되어준다.

나를 제대로 바라본다는 것은 내 삶을 더 풍성하고 의미 있게 만들어 주는 시작점이다. 나를 바라보는 연습을 통해 우리는 조금씩 성징하고, 더 단단해질 것이다.

부족한 나를 안아주는 법

 나를 알아가는 과정에서 나는 지금까지 몰랐던 나의 모습을 하나씩 발견하게 되었다. 물론 나의 긍정적인 면도 있었지만, 사실 더 뚜렷하게 드러난 것은 평소라면 애써 숨기고 싶었을 부족한 부분들이었다. 처음 그 모습을 마주했을 땐 솔직히 부끄러웠다. 이렇게 나이를 먹었는데 아직도 이런 부분들이 부족하다니, 하는 마음에 나 자신이 답답하기도 했다.

 돌이켜보면 나는 주변 사람들에게는 꽤 관대하고 따뜻한 편이었다. 작은 일에도 칭찬을 잘했고, 위로도 아끼지 않았다. 그런데 정작 나에게는 그렇지 않았다. 나 자신에게는 언제나 조금 더 완벽할 것을 강요했고, 작은 실수나 부족함에도 엄격한 잣대를 들이댔다. 누군가에게는 사소한 것에도 격려와 응원을 보냈으면서, 나에게는 단 한마디의 따뜻한 말조차 해준 기억이 거의 없었다는 것을 깨닫게 되었다.

사실 나는 내 감정을 외면하는 데 익숙한 사람이었다. '이 정도는 참아야지', '나만 참으면 되니까' 하며 나의 불편함과 슬픔을 무시해 왔고, 그것이 결국 내 마음속에 차곡차곡 쌓였다. 그러다 어느 날 갑자기 이유 없이 눈물이 흐를 때면 나는 혼란스러웠다. 왜 우는지 몰라서, 그 이유를 찾지 못해 더 슬펐다. 그 눈물은 오랜 시간 무시당한 내 마음이 보내는 신호였는지도 모르겠다.

하지만 나를 이해하기 시작한 이후로는 눈물이 흐를 때면 나에게 질문을 던질 수 있게 되었다. "무엇 때문에 이렇게 마음이 아픈 거야?"라고 스스로에게 물어보면, 그제야 답을 찾을 수 있었다. '내가 원하는 대로 일이 풀리지 않아 서운했구나', '나도 인정받고 싶고 위로받고 싶었던 거구나' 같은 단순한 대답만으로도 내 마음은 크게 위로받았다.

그 다음부터는 나 자신에게 칭찬을 해보기로 했다. 작은 것이라도 스스로 인정해 주고 격려하는 습관을 들였다. 평범한 하루라도 무언가 해냈다면 "잘했어, 오늘도 수고했어"라고 나에게 말을 건네 보았다. 처음에는 조금 어색했지만, 시간이 지날수록 내 마음속에 작지만 확실한 변화가 생겼다. 그렇게 나 스스로가 조금씩 따뜻해지는 것을 느꼈다.

이제는 부족한 나를 인정하고 받아들이는 법을 알게 되었다. 나는 완벽하지 않아도 괜찮다고, 때로는 실수해도 괜찮다고, 진심으로 위로해 주고 다독일 수 있는 사람이 되었다. 어쩌면 그게 내가 나에게 해줄 수 있는 가장 큰 선물이라는 생각이 들었다.

부족함을 안아주는 일은 쉽지 않다. 하지만 스스로가 스스로에게 가장 너그러워질 때 우리는 진정한 성장을 경험한다. 나 자신에게 조금 더 자주, 조금 더 진심으로 이렇게 말해주자.

"오늘도 잘하고 있어. 지금 이대로도 괜찮아."

실패했던 나와 화해하기

우리는 실패를 지나치게 두려워한다. 그런데 가만히 생각해보면, 실패는 성공만큼이나 일상적인 일이다. '작심삼일'이란 말이 괜히 생긴 건 아니다. 애초에 사람들은 누구나 의욕 넘치는 계획을 세우고, 며칠 지나지 않아 흔들리고, 결국 또 흐지부지되기를 반복하며 살아간다. 그러니 작심삼일이란 말이 생긴 것은 어쩌면 자연스러운 일이다. 오히려 나만 그런 게 아니라는 걸 보여주는 위로일지도 모른다.

나도 수많은 작심삼일을 반복하며 살아왔다. 다이어트는 늘 '내일부터'였다. 운동하겠다고 아침에 세운 결심은 저녁이 되면 이유 없이 사라졌고, 퇴근하고 공부하겠다는 계획은 침대에 눕는 순간 녹아버렸다. 그럴 때마다 스스로가 한심하게 느껴졌고, 왜 끝까지 못 하냐며 수없이 자책했다. 하지만 어느 순간부터 '그래도 일단 해본 게 어디냐'라는 생각을 갖기로 했다. 적어도 행동을 시도했다는 점에서 아무것도 하지 않은 것보다는 낫지 않느냐고 스스로에게 위로를 건넸다. 실패라는 말 대신, 나에겐 '시도'라는 단어를 붙여주기로 했다.

그렇게 생각을 바꾸고 나니, 지나간 일들에도 조금씩 다른 시각이 생겼다. 특히 퇴사했던 당시의 결정이 그랬다. 나는 늘 퇴사 자체에 대해서는 후회하지 않았지만, 퇴사한 시기에 대해서는 오랫동안 고민했다. '왜 하필 그때였을까?', '취업이 이렇게 힘든 시기였는데 조금만 더 버틸 걸 그랬나?' 하는 질문들이 끝없이 나를 괴롭혔다. 반대로 차라리 더 빨리 그만뒀다면 내 상황이 지금과는 달랐을까 하는 후회도 있었던 게 사실이다.

하지만 결국 나는 그때 그런 결정을 내릴 수밖에 없었던 이유를 인정하기로 했다. 그 당시의 나는 최선을 다했고, 가장 현명한 선택이라고 믿었기 때문이다. 지금 돌이켜보면 완벽한 타이밍이라는 것은 애초에 없었다. 만약 그때가 아니었다면 지금의 내가 하고 있는 고민, 지금 내가 느끼고 있는 감정들, 그리고 나 자신을 돌아보는 이 소중한 시간 또한 없었을 것이다. 결국 내가 겪은 모든 선택과 시행착오는 나를 지금 여기까지 오게 해준 소중한 과정이었다.

이제는 실패한 나를 조금은 더 따뜻하게 바라보려 한다. 모든 선택이 최선일 수는 없고, 모든 시도가 성공으로 끝날 수는 없다. 중요한 건 시도했다는 것이고, 그것만으로도 충분히 가치 있는 일이라는 점이다. 실패는 끝이 아니라, 나를 성장시키고 새로운 길을 열어주는 또 다른 시작점일 뿐이다.

나는 그동안 실패한 나를 너무 냉정하게 대했던 것 같다. 이제는 그때의 나를 조금 더 이해해 주고 용서해 주기로 했다. 그때의 나도 나름의 이유가 있었고, 지금의 나는 그때보다 더 성숙해졌다. 완벽한 선택은 없었지만, 덕분에 조금 더 '나다운' 모습으로 살아가는 법을 배웠다.

그러니 실패했던 과거의 나와 화해하자. 부족했던 나를 받아들이고, 그 시간 속에서 최선을 다했던 나에게 괜찮았다고, 잘했다고 말해주자. 그것이 진정한 화해이고, 새로운 나로 나아가기 위한 용기 있는 첫걸음이다.

혼자 있는 시간을 견디는 힘

나는 늘 혼자 있는 것을 좋아한다고 생각했다. 혼자서 여행도 잘 다니고, 혼자 밥 먹는 것도 전혀 어렵지 않았기에 '혼자'라는 단어는 나에게 전혀 낯설지 않았다. 하지만 정말로 모든 것이 사라지고, 진짜 혼자만의 시간이 길어졌을 때, 나는 처음으로 그 익숙하다고 믿었던 '혼자'의 진짜 모습을 마주했다.

회사를 그만두고 이직 준비로 한참 방황하던 그 무렵, 오랜 연애마저 끝이 났다. 한순간에 퇴사와 이별이 겹치니, 혼자라는 단어는 더 이상 익숙하고 편안한 상태가 아닌, 어쩔 수 없이 맞이한 차갑고 쓸쓸한 현실이 되었다. 마치 모든 사람이 한꺼번에 내 곁을 떠난 것 같았고, 지금까지 익숙했던 도시조차 낯설게 느껴졌다. 부산이란 도시는 친구도, 가족도 없이 타지 생활을 하던 나에게 한순간에 외로운 섬으로 변해버렸다.

처음엔 아침에 눈을 뜨자마자 무의식적으로 휴대폰을 확인했다. 마치 습관처럼, 누군가의 연락이 와 있을 거라 기대하며 화면을 열었지만, 화면은 언제나 텅 비어 있었다. 가끔 알림이 울릴 때면 기대감에 서둘러 확인했지만, 결국 배달 앱의 광고 메시지라는 걸 알게 되곤 다시 쓸쓸해졌다. 나에게 연락해 줄 사람이 이렇게 없었던가 하는 서운함과 함께 밀려드는 외로움에 나는 매일 혼자서 작은 슬픔에 빠져 있었다.

그런 내 모습을 누구에게도 쉽게 말할 수 없었다. 친구들은 회사를 그만둔 나를 부러워했고, 나는 그런 친구들 앞에서 일부러 더 밝은 척했다. "요즘 너무 편하고 좋아. 퇴사 최고야." 웃으며 말했지만, 집에 돌아오면 밀려오는 막막함에 이력서를 쓰다가도 이유 모를 눈물이 흘렀다. 아무도 내게 부담을 주지 않았는데도, 나는 혼자서 괜찮아 보여야 한다는 압박을 느끼며 자신을 숨기고 있었다.

그러던 어느 날, 울다가 지쳐 배가 고픈 내 모습이 어처구니없어 웃음이 났다. 마음은 한없이 우울했지만, 배는 정확히 밥때를 알고 있었다. 어차피 할 일도 없는데, 오랜만에 직접 요리나 해보자 싶어 마트로 향했다. 직접 장을 보고, 처음 만져보는 식재료를 고르고, 오롯이 나만의 취향에 맞춰 음식을 만들었다. 한동안 요리할 기력조차 없었는데, 막상 음식을 만들다 보니 신기하게도 마음이 편안해졌다. 누군가에게 맞추지 않고 오직 내 입맛과 기분에 따라 재료를 선택하는 것만으로도 나를 위로하는 일이 되었다.

이후로 혼자 있는 시간을 조금씩 즐기기 시작했다. 마트에 가서 사지도 않을 물건들을 구경하고, 작은 카페에 앉아 읽지도 않을 책을 펼쳐두고 시간을 보냈다. 평소라면 의미 없는 일이라고 생각했을 텐데, 지금은 그런 시간이 나에게 너무 소중했다. 누군가를 의식하지 않아도 되고, 나를 증명하지 않아도 되는 그 시간이 너무나 귀하게 느껴졌다.

시간이 흐르면서 깨달았다. 혼자 있는 시간은 나를 가장 깊이 만나는 시간이었다. 나는 사람들 사이에서 내가 얼마나 외로운지, 얼마나 힘들었는지 몰랐다. 혼자 있는 시간이 되어서야 비로소 나 자신을 제대로 들여다볼 수 있었고, 그동안 내가 얼마나 다른 사람에게 나를 맞추느라 힘들었는지 깨달았다. 이제는 그 시간이 내게 꼭 필요했던 쉼과 회복의 시간이었다는 것을 이해하게 되었다.

이별과 퇴사가 나를 혼자로 만들었지만, 덕분에 나는 나와 더 가까워졌다. 외로움은 있었지만, 그 외로움 덕분에 나는 진짜 내가 원하는 것이 무엇인지 알게 되었고, 나를 진심으로 위로하는 방법을 찾게 되었다. 혼자 있는 시간을 견디는 힘은 결국, 나 자신을 더 잘 알게 되는 용기와도 같았다.

나는 이제 혼자 있는 시간을 외롭기보다는 나를 위한 온전한 선물이라고 생각하기로 했다. 누군가와 함께하는 시간도 좋지만, 나를 돌보고 위로하는 시간은 오로지 혼자 있을 때 가능하다는 걸 배웠다. 혼자 있는 시간은 잃어버린 나를 다시 찾는 과정이자 나를 더 깊이 사랑하는 방법이라는 것을 기억하며, 앞으로도 나는 나를 위한 시간을 소중히 여길 것이다.

내 마음을 돌보는 습관

 나는 오랫동안 내 마음을 하나의 기계처럼 취급했다. 기분이 조금 우울하거나 지쳐 있을 때도, 별거 아니라는 듯 무시하거나 그냥 억눌러버리면 그만이라고 여겼다. 나를 위해 무엇을 해줄 수 있을지 생각하기보다는, 그 순간을 지나가게 내버려두는 것이 더 편했다. 내 감정에 귀를 기울이면 무언가 약해지는 느낌이 들었기 때문이다.

 하지만 그렇게 살다 보니, 어느 순간 이유도 모른 채 눈물이 흘러내리고 마음속에서 알 수 없는 공허함이 느껴지기 시작했다. 오랫동안 무시당한 내 마음이 한꺼번에 폭발한 것 같았다. 그제야 나는 처음으로 내 감정을 진지하게 바라보아야 한다고 생각하게 되었다.

 처음에는 내 감정을 파악하는 일 자체가 어색했다. 나는 감정 표현에 서툴렀다. 그래서 아주 작은 일부터 시작했다. 그냥 '지금 기분이 어때?'라고 하루에도 여러 번 나 자신에게 질문을 던졌다. 답이 정확하지 않아도 상관없었다. "오늘 좀 답답하네.", "왠지 기분이 좋아졌어." 그저 이 정도의 인지만으로도 나에게는 신기한 경험이었다. 그런 식으로 매일 조금씩 나를 관찰하다 보니, 내 감정의 패턴이 보이기 시작했다. 나는 생각보다 솔직한 사람이었고, 내 마음은 나와 대화하고 싶어 하고 있었다.

그러면서 나는 자신을 더 적극적으로 돌보는 법을 배우기 시작했다. 그중 가장 효과적이었던 방법이 바로 '셀프 칭찬'이었다. 원래 나는 남들에게는 잘했든 못했든 무조건 칭찬하고 응원하는 사람이었다. 하지만 나에게는 너무 인색했다. 그래서 일부러라도 스스로에게 칭찬을 건네기 시작했다. 처음엔 우습기도 했다. 그냥 요리했다는 사실 하나만으로도, "대단해, 오늘은 배달 음식이 아니라 직접 만들었구나!"라고 스스로에게 격려했다. 그리고 그것을 꾸준히 반복하면서, 점점 더 구체적이고 진심 어린 칭찬으로 발전시켰다.

그러다 보니 내 생활에도 작지만 확실한 변화가 생기기 시작했다. 예전엔 요리할 때 항상 귀찮았던 뒷정리를 미리미리 하게 되었다. 왜냐하면 그렇게 하면 스스로에게 더 좋은 칭찬을 해줄 수 있었기 때문이다. 처음에는 사소한 위안거리였던 칭찬이 어느새 나를 변화시키는 원동력이 되었다.

칭찬 습관은 내 마음에도 긍정적인 연쇄반응을 일으켰다. 내가 나를 돌아보는 횟수가 늘어났고, 나를 이해하려는 노력도 많아졌다. 예전엔 나의 부족한 모습만 보였다면, 이제는 작은 노력과 발전하는 나의 모습도 보이기 시작했다. 자연스럽게 나를 더 소중히 여기고 사랑하게 되었다.

나는 이제 내 마음을 돌보는 일이 다른 무엇보다 중요한 일이라는 것을 알게 되었다. 감정은 억누르거나 무시한다고 사라지지 않는다. 오히려 천천히 나를 갉아먹을 뿐이다. 내가 나를 이해하고 인정하며 돌봐줄 때 비로소 진짜 나답게 살아갈 힘이 생긴다는 걸 깨달았다.

이제 나는 매일 작은 목소리로 스스로에게 묻는다.

"오늘은 네 마음이 어때?"

그리고 그 작은 질문 하나가, 내 삶을 조금 더 따뜻하고 행복하게 만들어주고 있다.

제5장. 아주 천천히, 조금씩

오늘은 집 밖으로 나가보기

아무런 목적 없이 집에만 있는 시간이 계속되면, 세상과의 틈이 점점 더 커진다는 생각이 든다. 나도 모르게 주변의 일상은 나와 점점 멀어지고, 그걸 확인할 방법도, 나갈 이유도 점점 없어지곤 한다. 그럴 때마다 밖으로 나가야 한다는 작은 압박이 찾아오지만, 의외로 그 한 걸음이 내게는 쉬운 일이 아니었다.

나는 한동안 집 안에서 벗어나지 않았다. 감정적으로 피로해졌던 것도 있고, 갈 곳이 없다는 이유 하나로 외출하지 않았다. 사실 특별한 목적을 찾지 못했기 때문일지도 모르겠다. 그러다가 어느 날, 그냥 이렇게 계속 지내면 안 되겠다는 생각이 들었다. 바깥 세계와 점점 더 격차가 생겨나는 느낌이었고, 그럴수록 나 자신도 조금씩 좁아지는 느낌을 받았다.

그때, 친구가 제안한 것이 '피크민'이라는 게임이었다.

처음에는 별로 끌리지 않았다. 걸음 수를 세고, 게임을 하려면 밖에 나가야 한다는 설정이 나에게는 귀찮게 느껴졌기 때문이다. 하지만 점점 더 집에만 있던 내가 '그렇다면 이것이라도 해보자'라는 마음이 들었고, 그렇게 시작된 게임은 나를 밖으로 끌어냈다.

게임을 하면서 점점 더 외출이 자연스러워졌다. 걸음 수에 따라 얻는 보상, 그리고 피크민을 꾸미는 재미가 있었다. 그것은 단순한 게임 이상의 의미를 가져다주었다. 지형지물에 따라 얻을 수 있는 아이템이 다르고, 그 아이템을 얻기 위해선 외출해야 했기 때문이다. 나는 어느새 게임을 즐기기 위해 집 밖으로 나가게 되었고, 그 덕분에 익숙해지지 않던 외출이 점차 자연스러워졌다.

밖에 나가면서, 나는 그동안 무심코 지나쳤던 것들을 보게 되었다. 지나가는 사람들의 말소리, 가게 앞의 간판, 때때로 바람에 흔들리는 나무들. 일상에서 마주하는 모든 것들이 사실은 한 번도 제대로 보지 않았던 것들이다. 그럴 때마다 나도 모르게 궁금해졌고, 그 궁금증을 풀고자 인터넷을 검색했다. 그러다 보니 내가 알지 못했던 새로운 정보가 쌓였고, 그 정보들이 나를 새로운 경험으로 이끌었다.

피크민은 결국 나를 바깥세상으로 끌어낸 작은 계기였지만,

그 경험은 단순히 게임 그 이상이었다. '오늘은 산책이라도 해야겠다'라는 생각에서 '오늘은 피크민을 하러 나가야겠다'라는 생각으로 바뀌었고, 그것이 작은 변화의 시작이었다. 이 변화는 그동안 내가 놓쳤던 일상 속 작은 것들을 다시 바라보게 만들어 주었고, 나는 조금씩 세상과 다시 연결되는 기분을 느끼게 되었다.

이처럼, 어떤 것들이 내게 도움이 될지 알 수 없다. 그래서 나는 무조건 "그럴 리 없다"라며 거부하기보다는, 일단 시도해 보기를 권한다. 그 시도 자체가 나를 새로운 가능성으로 이끌 수 있을지도 모른다.

일단 해보는 작은 용기

 우리는 대부분 고민에 휩싸여 지나가는 시간을 자주 맞이한다. 무엇을 해야 할지, 어떻게 시각해야 할지 끝없는 생각을 반복하며, 결국 아무것도 하지 않은 채로 시간이 흘러간다. 이때, 우리가 놓치는 것이 바로 '시작하는 용기'다. 내가 그 사실을 깨달은 것은, 그저 시도해 보지 않으면 알 수 없다는 단순한 진리에서 비롯된 경험 때문이었다.

 처음으로 '피크민'을 시작했을 때, 나는 이 게임이 나와 맞지 않을 것으로 생각했다. 나처럼 빠르게 결론이 나는, 명확한 목표가 있는 게임을 선호하는 사람에게는 이 게임이 어울리지 않을 거라 여겼다. 하지만 그저 해보기로 결심했을 때, 예상을 뒤엎고 나는 그 속에서 나름의 재미를 발견했다. 매번 새로운 목표가 생기고, 그 목표를 향해 나아가는 과정에서 작은 성취를 경험하게 되면서, 나는 점차 '완벽한 결과'를 중요하게 생각하지 않게 되었다. 그 과정에서 나는 한 걸음씩, 나도 몰랐던 나를 발견하게 되었다.

이와 비슷한 방식으로, 책을 쓰겠다고 결심한 것도 나에게는 하나의 도전이었다. 글짓기를 할 때도, 나는 언제나 떠오르는 대로 생각을 적어 내려갔고, 제목은 그 후에 붙였다. 하지만 책은 달랐다. 하나의 일관된 흐름을 만들기 위해서는 준비가 필요했고, 목차를 작성하는 일부터 시작해야 했다. 처음엔 막막하게만 느껴졌지만, 막상 해보니까 어렵긴 해도 못 할건 아니었다. 결국 그 과정을 겪으면서 나는 점차 자신감을 얻었다. 글을 써 내려가면서, 하나하나 정리되고, 한 조각씩 퍼즐이 맞춰지는 느낌을 받았다. '시작해야 한다'라는 단순한 결단이 결국 나를 새로운 단계로 이끌어준 것이다.

이 경험들은 나에게 중요한 사실을 일깨워 주었다. 바로, 무엇이든 시작하지 않으면 아무것도 이룰 수 없다는 것이다. 우리는 작은 두려움이나 불확실함 앞에서 늘 망설이기 마련이다. 하지만 그럴 때마다 나는 결국 그 두려움이 나를 한 걸음 뒤로 밀어내고 있다고 생각한다. 중요한 것은 '시도하는 것'이라는 사실을. 그 시도 자체가 나를 나아가게 만든다.

이와 같은 깨달음은 결코 대단한 결실로 이어지지 않아도,

그 자체로 중요한 변화로 다가온다. 무엇이든 두려워하며 미루는 것은 결국 시간을 낭비하는 것일 뿐이다. 우리는 결과를 예측할 수 없지만, 시도하지 않으면 무엇도 바뀌지 않는다. 그래서 나는 그 작은 용기, 시작의 중요성을 계속해서 되새기고 있다. 실패가 두렵고, 결실을 보지 못할 것 같지만, 그런데도 불구하고 시작해 보는 것 자체가 삶을 변화시키는 첫걸음이 될 수 있다는 믿음을 가지고 있다.

시작하는 용기가 없다면, 결국 아무것도 얻을 수 없다. 그리고 그 첫걸음을 내딛는 순간, 그 작은 선택이 나를 조금 더 나은 곳으로 이끌어줄 것이라는 확신이 생겼다.

미루지 않고 해보는 연습

 미루지 않는다는 것, 그 자체가 많은 사람들에게 큰 도전이다. 단지 일을 미루지 않으려는 결단만으로는 부족하다. 우리는 스스로에게 '지금 해야 한다'라고 여러 번 다짐하지만, 막상 그 일을 마주할 때마다 쉽게 미루고 만다. 미루는 이유는 대개 '귀찮다'라거나 '다음에 할 수 있을 것 같다'라는 생각에서 비롯된다. 그러나 중요한 점은 미루는 일이 결국 시간의 압박으로 돌아오고, 그로 인해 얻는 스트레스가 더 커진다는 사실이다. 결국 미루지 않고 바로 해내면 그만큼 마음의 부담이 줄어들고, 결과적으로 더 효율적이고 편안하게 일을 처리할 수 있다는 점이다.

 나는 미루는 습관을 고치기로 결심했다. 처음에는 작은 일들부터 시작했다. 예를 들어, 설거지. 매번 밥을 먹고 나서 설거지를 미루는 습관이 있었다. 그때마다 "나중에 해도 되겠지"라는 생각을 하며, 설거지를 미루고 그 자리에 두었다.

그 결과, 다음 날 아침에 다시 설거지해야 하는 상황이 오면 불편함과 함께 짜증이 밀려왔다. 또한, 시간이 지날수록 그 일이 점점 더 미루어지고, 결국 '왜 이렇게 미뤘을까?' 하는 후회를 하게 되었다. 그래서 그날, 나는 결단을 내렸다. 밥을 먹고 나면 바로 설거지하자고. 고무장갑을 끼고, 그릇을 씻기 시작했다. 처음에는 의식적으로 시작했지만, 의외로 빠르게 끝낼 수 있었다. 설거지가 끝나자, 그동안 미뤄놓고 쌓여 있었던 불편함이 사라지고, 몸이 조금 가벼운 느낌을 받았다. 미루지 않으면 이런 단순한 일이 생각보다 훨씬 수월하게 해결된다는 사실을 깨달았다.

이 경험을 통해, 나는 미루지 않는 것이 얼마나 편리한지 실감했다. 미루지 않으면 불안하거나 시간에 쫓기는 일이 없어진다. 그러나 사실 이 점을 알고 있어도 실천에 옮기기는 여전히 쉽지 않다. '지금은 하기 싫은데'라는 생각이 자꾸 들고, 그럴 때마다 나는 다시 미루고 만다. 그 습관은 시간이 지나면서 점점 더 굳어지며, 미루는 일이 많아질수록 그에 대한 죄책감과 스트레스도 쌓인다. 결국 그 미루는 일이 쌓이면 내가 해결해야 할 일이 더 커지기 때문에, 나중에 더 힘들게 다가오는 것이다.

그래서 나는 미루는 습관을 조금씩 고쳐가기 위해

'타임어택' 방식을 도입했다. 일정 시간 안에 일을 마쳐야 한다는 간단한 규칙을 설정하고, 그것을 하나의 게임처럼 다루기 시작했다. 예를 들어, '오늘 안에 이 일을 끝내자'라는 목표를 설정하고 그 시간 내에 마치도록 했다. 처음에는 그 시간이 촉박하게 느껴졌지만, 의외로 재미있는 점은 그 안에서 집중할 수 있다는 점이었다. 시간이 제한되어 있으니, 미루는 일 없이 바로바로 처리할 수밖에 없었고, 그 결과 내가 미뤄왔던 일들을 예상보다 훨씬 빠르고 효율적으로 해결할 수 있었다. 결국, 그 과정을 통해 미루는 습관을 조금씩 떨쳐내게 되었다.

미루지 않는 것은 단순히 일을 빨리 끝내는 것이 아니다. 그것은 내가 계속해서 미뤘던 일들에 대한 두려움을 극복하는 과정이기도 하다. 그 일을 해낸 후에 느끼는 뿌듯함과, 일이 끝난 후의 홀가분한 기분은 그 어떤 것과도 비교할 수 없다. 물론 아직 완벽하게 미루지 않는 사람이 된 것은 아니다. 여전히 때때로 미루고 싶은 마음이 들기도 한다. 그럴 때마다 나는 내게 이렇게 말한다. "어차피 해야 할 일이니까, 미루지 말고, 그냥 해버리자." 그 작은 말 한마디가 나를 다시 일으켜 세운다.

미루지 않는다는 것은 단지 일을 바로 시작하는 것이

아니라, 그 일을 미루고 싶은 순간에도 계속해서 시도하는 것이다. 완벽하게 미루지 않는 것이 아니라, 조금씩 그 습관을 고쳐가는 연습을 하는 것이 중요하다. 오늘은 어제보다 10분이라도 덜 미뤘다면, 그것만으로도 충분히 개선된 것이다. 그런 작은 노력이 쌓여 나를 변화시킬 것이다. 이 작은 변화가 결국 나에게 더 많은 시간을 선물하게 될 것이다.

하루에 하나만 꾸준히

무언가를 시작하는 것보다 중요한 건, 그것을 지속할 수 있는 능력이다. '작심삼일'이라는 말은 단순히 농담이 아니다. 대부분은 목표를 설정하고 나서 처음에는 열정적으로 시작하지만, 시간이 지나면서 그 열정은 식고 결국 계획은 흐지부지된다. 꾸준히 해낸다는 것은 단순한 반복이 아니라, 일상에 자연스럽게 녹여내는 과정이다.

습관을 만드는 가장 효과적인 방법은, 사실 큰 계획을 세우는 것이 아니라 매일 조금씩 실천하는 것이다. 예를 들어, 누구나 식사 후에 양치한다. 하루 두 번, 세 번 할 수도 있지만, 결국 중요한 건 그 시간을 꾸준히 지키는 것이다. 다른 시간에 양치하거나, 오늘은 피곤하니까 안 해도 된다고 생각하기 쉽지만, 자기 전 한 번이라도 반드시 하는 사람이 결국 습관을 갖게 된다. 작은 행동이지만, 매일 반복되다 보면 그 자체로 습관이 되고, 습관은 결국 우리의 일상이 된다.

우리는 새로운 목표를 세울 때 흔히 많은 일을 한 번에 시작하려 한다. 예를 들어, '새해에는 아침마다 일찍 일어나 러닝을 하고, 그 후에 독서하고, 건강도 챙기고, 저녁엔 다이어리도 쓰자'라는 계획을 세운다. 이런 계획은 처음엔 설렘이 있지만, 일상에서 현실은 달라진다. 아침에 일어나지 못하거나, 일이 밀려서 계획을 지키지 못하는 경우가 많다. 그리고 그렇게 하루하루 미뤄지다 보면, 결국 그 계획은 쌓여서 부담으로 다가온다.

그래서 나는 처음부터 거창한 목표를 설정하기보다는, 하루에 하나만이라도 실천할 수 있는 목표를 세우자고 생각한다. 아침에 일어나서 5분 스트레칭하기, 침대 정리하기, 오늘 하루의 일정을 미리 정리하는 것처럼 작은 습관부터 시작하는 것이다. 크고 대단한 목표는 아니지만, 그 작은 습관들이 쌓여서 나를 변화시킨다. 작은 성취가 나를 이끌고, 나아가 더 큰 목표를 향해 나아갈 수 있는 원동력이 된다.

우리는 종종 작은 목표를 성취한다고 해서 그것이 큰 의미가 있을지 의문을 품는다. 하지만 그 작은 행동들이 결국 나를 변화시킨다는 점을 간과해서는 안 된다. 꾸준함이 쌓이면서, 나는 내 자신을 믿는 힘을 얻고, 미루는 대신 바로 시작하는 능력을 키운다. 그 작은 성공들이 나를 점차 더 큰 목표로 이끌고, 더 이상 미루지 않고 행동하는 사람이 되게 한다.

결국, 매일 조금씩 해내는 것, 그 작은 변화가 습관이 되어 더 큰 변화를 일으킨다. '하루에 하나'라는 단순한 목표부터 시작하면, 나중에는 믿기지 않을 정도로 큰 성취도 손에 넣을 수 있을 것이다.

완벽하지 않아도 괜찮다

 완벽함을 추구하는 것은 인간의 본능일 수 있다. 그러나 그 추구가 실패로 이어지는 경우도 많다. 우리는 목표를 설정하고 그것을 달성하지 못했을 때 '망했다'라고 말한다. 시험에서 원하는 성적을 얻지 못하거나, 일이 제대로 풀리지 않았을 때, 우리는 그 결과를 '실패'로 간주하고 스스로 평가절하한다. 그러나 그렇게 단순히 '망했다'라고 결론을 내리기 전에, 그 결과에 대해 조금 더 깊이 생각할 필요가 있다.

 사실, 우리가 흔히 '망했다'라고 표현하는 순간은, 우리가 설정한 기준에 미치지 못했다는 이유로 우리가 경험한 모든 것을 부정하는 순간일지도 모른다. 이건 현실을 과도하게 단순화하는 방법이다. '망했다'라는 표현이 단순히 목표를 이루지 못했다고 해서 끝을 의미하는 것은 아니다. 오히려 목표에 도달하지 못한 그 과정에서 배운 것들, 성장한

부분들을 제대로 평가하지 않고 넘어가는 것이 더 큰 문제다.

내가 교환학생을 준비할 때의 경험을 되짚어 보면, 나는 '완벽한 준비'를 원했다. 내가 충분히 준비된 상태에서 가야 한다고 생각했고, 그래서 1년만 더 공부하고 지원하고자 했다. 하지만 주변에서 지금 지원이라도 해보라 했고 나는 결국 그 말을 따라 지원했다. 이후 공항에 도착한 순간부터 '이렇게 준비가 부족한 상태에서 괜찮을까?' 하는 불안이 커져만 갔다. 그러나 그렇게 부족한 상태에서 떠나보니, 그곳에서 얻은 경험들이 예상보다 더 큰 성장이 되었다. 내가 부족한 점을 알았기에, 매일 조금씩 더 나아지려는 노력도 했다. 내가 완벽하다고 생각했던 때보다는 훨씬 더 많은 것을 배웠을 것이라 자부한다.

완벽한 준비나 조건을 기다리는 것은 실질적으로 무의미하다. 우리는 항상 더 나은 시점, 더 좋은 조건을 꿈꾸지만, 결국 그때가 오기까지 계속 미루게 될 뿐이다. 중요한 것은 타이밍이 아니라, 부족함을 인식하고 그걸 채워나가는 과정이다. 과거에 내가 준비를 더 많이 하고 갔더라도, 지금의 나처럼 많은 것을 배우지 못했을지도 모른다. 조금 부족했기에 나는 그 상황에서 적극적으로 학습하고, 성장할 수 있었다.

우리는 언제나 더 나은 상태를 목표로 하지만, 그런 '완벽한 순간'은 존재하지 않는다. 완벽하지 않아도 괜찮다. 우리는 모든 과정에서 완벽할 필요는 없고, 중요한 것은 그 부족함 속에서 배우고, 그 경험을 통해 조금씩 더 나아지는 것이다. 그래서 '망했다'라는 말을 할 때, 그것이 끝이 아니라 새로운 출발점일 수 있다는 사실을 인식하는 것이 중요하다. 완벽함을 추구하기보다는, 그 불완전함을 인정하고 그 속에서 성장하는 것이 더 외미 있는 일이 아닐까?

오늘의 나를 기록하기

 기록을 남기는 일은 의외로 자신을 돌아볼 중요한 기회가 된다. 과거를 되돌아보는 것과, 그 순간의 감정을 글로 풀어내는 것의 차이는 꽤 크다. 과거의 일들을 단순히 기억으로만 남겨두기보다는, 기록을 통해 그때의 나를 이해하고, 나아가 나 자신을 객관적으로 바라보는 기회를 얻게 된다.

 어린 시절, 나는 일기를 쓰는 것을 즐기지 않았다. 그저 매일 비슷한 일상에서 하루를 보내며, 일기 한 줄을 적는 것조차 귀찮았다. 그때의 일기에는 나름의 형식이 있었고, 어떤 날에는 하루의 한 단어 사전적 정의를 적어두기도 했다. 당시에는 그런 기록이 무슨 의미가 있을까 싶었고, 그만두고 싶은 마음이 컸다. 하지만 시간이 지나고, 나이가 들면서 기록하는 것의 가치가 점차 명확해졌다.

 최근 '피크민'이라는 게임을 시작하면서, 하루의 감정을 기록하는 습관을 들였다. 매일 하루를 마감하며, 내 표정을 찍고 그날의 감정을 간단히 정리하는 것부터 시작했다. 그 기록은 처음엔 단순히 하나의 게임처럼 느껴졌지만, 시간이 지나면서 점차 내 감정의 흐름을 파악할 수 있는 중요한 지표가 되었다. 표정을 찍고 난 뒤, 그날에 대해 되짚어보면 미처 느끼지 못했던 감정들이 보였고, 기억을 더 선명하게 되살려주는 역할을 했다.

하루하루 기록을 쌓아가며, 나는 많은 것을 깨달았다. 한때 아무렇지도 않게 지나쳤던 일들이 사실은 그때 나에게 중요한 의미를 지녔다는 사실을 알게 되었다. 슬픈 표정이나 힘든 감정이 담겨있는 날을 돌이켜보면, 그날의 내 마음속에서 무엇이 불편했는지 알게 되었다. 그리고 그것을 기록으로 남겨두는 일이 내가 감정적으로 성장하는 데 중요한 발판이 되었다는 것을 깨달았다.

기록하는 과정은 내가 내 자신을 더 잘 알게 되는 과정이다. 매일 기록한다고 해서 반드시 큰 깨달음이 있는 것은 아니지만, 나를 객관적으로 바라볼 수 있게 도와주는 중요한 도구가 된다. 감정은 일기처럼 감정적인 터치로만 남기기보다는, 명확한 문장으로 적어 보는 것이 더 도움이 된다. 그 기록을 다시 읽을 때, 그 당시의 감정과 상황이 더 분명히 이해될 수 있기 때문이다.

  기록을 시작하면, 매일 나를 돌아보는 작은 습관이 생긴다. 그 습관은 내가 놓치고 있던 부분들을 점검하게 만들고, 조금씩 나 자신을 더 잘 알게 해준다. 오늘 하루의 나를 기록하는 일이 나에게 중요한 이유는, 그 기록을 통해 과거와 현재를 연결할 수 있기 때문이다. 기록은 단지 일상적인 사실을 적는 것이 아니라, 내 존재의 일부를 담아두는 일이다.

지친 나에게 건네는 위로

내가 힘들 때, 가장 중요한 건 외부의 위로가 아니라 나 자신에게 건네는 말이었다. 외부의 기대와 비판에 흔들리지 않고, 나 자신을 있는 그대로 받아들이는 것이 필요했다. 누구나 지치는 순간이 오고, 그런 순간엔 끝이 보이지 않는 것처럼 느껴지기도 한다. 나는 한때 그런 순간에 자신을 너무 몰아붙였고, 그만큼 더 큰 고통을 겪었다. "왜 이렇게 안 되지?", "나는 왜 항상 실패할까?" 이런 생각들로 나 자신을 채우며 점점 더 지쳐갔다.

그런데 어느 순간 깨달았다. 내가 나를 돌보지 않으면, 아무리 외부에서 위로를 주려고 해도 그것은 소용없다는 것을. 나 자신을 제대로 보지 않으면, 결국 나를 잃게 된다는 사실을 알게 되었다. 감정을 무시하고 지나친 채 더 강해져야 한다고 생각했지만, 진정한 강함은 나를 제대로 이해하고 받아들이는 것에서 온다는 걸 깨달았다.

긍정적인 에너지를 내기 위해 노력하는 것도 좋지만, 그게 항상 가능하지는 않다. 세상이 나에게 항상 긍정적인 에너지를 줄 수는 없으니까. 그럴 때 나는 내 안에서 위로를 찾아야 한다. 나를 믿고, 그동안 내가 얼마나 애썼는지를 인정해 주는 것, 그것이 가장 중요한 위로였다.

그리고 때로는 멈추는 것도 필요하다. 나 자신에게 "지금은 쉬어도 된다"라고 말하며, 내가 하는 일이 정말 잘 진행되고 있는지 잠시 돌아본다. 실패를 두려워하지 말고, 멈추는 것이 실패가 아니라 숨을 고르는 시간임을 이해해야 했다.

비판과 외부의 시선에 휘둘리지 않도록, 때때로 나 자신을 합리화해 줄 필요도 있다. 부정적인 감정이 나를 지배하지 않도록, 그것을 받아들이고 내 안에서 정리해야 한다. 그렇게 조금씩 나아가다 보면, 언젠가는 내가 필요한 위로를 다른 누구도 아닌, 나 자신에게서 찾을 수 있게 된다.

"괜찮아, 정말 잘 버티고 있어."

때로는 이렇게 말해주는 것만으로도 충분하다.

에필로그

비판과 외부의 시선에 휘둘리지 않도록, 때때로 나 자신을 합리화해 줄 필요도 있다. 부정적인 감정이 나를 지배하지 않도록, 그것을 받아들이고 내 안에서 정리해야 한다. 그렇게 조금씩 나아가다 보면, 언젠가는 내가 필요한 위로를 다른 누구도 아닌, 나 자신에게서 찾을 수 있게 된다.

나는 내가 심해에서 수면 위로 올라올 수 있었던 방법들을 적어보았다. 이 이야기들이 모두에게 꼭 맞지는 않을 것이다. 하지만 각자에게 필요한 한두 줄쯤은 부표처럼 건져 올려주었으면 한다.

그리고 나와 다른 방식이라도, 누구든 자기만의 길로 심해를 빠져나와 수면 위로 떠오르기를. 잊고 있던 공기와 빛을 다시 마주할 수 있기를 진심으로 바란다. 어려운 일이기에, 이 책을 통해 조용히 응원한다.

무언가 해보고 싶다는 마음이 들자 자연스레 집 밖으로 향하게 되었고, 바깥은 여전히 낯설지만 새로운 것들로 가득했다. 매일이 특별하진 않았지만, 확실히 집 안에만 있을 때 보다 다채로웠다.

배우고 싶은 것, 하고 싶은 것, 이루고 싶은 것이 생겼고, 그것들을 위해 일을 찾기 시작했다. 작은 아르바이트를 하며 조금씩 리듬을 되찾았다.

정해신 시간에 외출을 반복하다 보니 준비도 예전보다 덜 버겁게 느껴졌다. 아직 완전히 회복된 건 아니지만, 혼자서 전시나 팝업 행사에 다녀올 만큼의 여유는 생겼다.

그런 경험을 통해 새로운 감정들을 배웠고, 내가 그것을 온전히 누릴 수 있다는 자신감도 조금씩 쌓여갔다.

좋은 책을 쓰고 싶다는 마음이 생겼고, 언젠가는 그런 책을 세상에 내고 싶다는 목표도 갖게 되었다.

물론, 처음 써본 글이라 부족한 점도 많고, 정말 출간해도 괜찮을까 망설이기도 했다. 하지만 이 책 한 권에 "일단 해보라"고 써놓은 내가 주저하는 건 모순일지 모른다.

완벽한 타이밍은 대부분 뒤늦게야 알게 된다. 반대로, 지금이 최악일 때는 스스로도 어느 정도는 알고 있다.

그래서 지금이 그 최악이 아니라면, 일단 해보는 쪽을 선택하려 한다.

이 과정을 통해 나는 내가 나 자신을 얼마나 모르고 있었는지 알게 되었고, 내 안에 이런 생각들이 자리하고 있었음을 깨달았다.

앞으로는 나에게 한계를 그어두기보다, 할 수 있다는 믿음으로 스스로에게 기회를 주고 싶다. 지금 그 첫걸음을 떼며, 그렇게 한 번 더 나아가려 한다.

이대로 방치하기엔 내 인생이 아까워서

초판 1쇄 인쇄 2025년 8월 8일

지은이: 윤선정

펴낸곳: 민시움

이메일: suncorrect@naver.com

ISBN: 979-11-993759-7-0

ⓒ 윤선정, 2025

이 책의 저작권은 저자에게 있으며, 무단 복제 및 배포를 금지합니다.
인용 시 반드시 출처를 명시해주세요.

이 책은 KoPubWorld 바탕체, Pretendard, 210 크래커를 사용하여 제작하였습니다.

표지사진 ⓒ 윤선정, 2025